从今天起，好好爱自己

〔日〕伊藤绘美 / 著
〔日〕细川貂貂 / 绘
温婧　张家伟 / 译

中国友谊出版公司

图书在版编目（CIP）数据

从今天起，好好爱自己 /（日）伊藤绘美著；（日）细川貂貂绘；温婧，张家伟译. — 北京：中国友谊出版公司，2025.8

ISBN 978-7-5057-5787-5

Ⅰ．①从… Ⅱ．①伊… ②细… ③温… ④张… Ⅲ．①心理压力－心理调节 Ⅳ．① B842.6

中国国家版本馆 CIP 数据核字 (2023) 第 249157 号

著作权合同登记号　图字：01-2023-5850

SERUFU KEA NO DOGUBAKO: SUTORESU TO JOZU NI TSUKIAU 100 NO WAKU
by ITO Emi
Copyright©2020 ITO Emi
Illustration©HOSOKAWA Tenten
All rights reserved.
Originally published in Japan by SHOBUNSHA,Tokyo.
Chinese (in simplified character only) translation rights arranged with SHOBUNSHA, Japan through THE SAKAI AGENCY and BARDON CHINESE CREATIVE AGENCY LIMITED.

书名	从今天起，好好爱自己
作者	[日]伊藤绘美
绘者	[日]细川貂貂
译者	温婧　张家伟
出版	中国友谊出版公司
发行	中国友谊出版公司
经销	新华书店
印刷	天津中印联印务有限公司
规格	787 毫米 ×1092 毫米　32 开 7 印张　122 千字
版次	2025 年 8 月第 1 版
印次	2025 年 8 月第 1 次印刷
书号	ISBN 978-7-5057-5787-5
定价	48.00 元
地址	北京市朝阳区西坝河南里 17 号楼
邮编	100028
电话	(010) 64678009

前　言

各位读者，你们好，谢谢你们拿起了这本书。我叫伊藤绘美，是一名心理咨询师，具备日本临床心理士、公认心理师等资格，我学习心理学并为众多客户提供心理咨询已长达 30 年之久。虽然有时候也会为一些家庭提供心理咨询服务，但大多数情况下，我都是采取一对一的方式与我的客户见面，帮助他们解决某些烦恼或从痛苦中恢复过来。对我来说，最开心的事就是看到客户在接受咨询后，有所恢复，振作精神。

话说回来，我所说的客户"有所恢复"指的是什么呢？客户怎样才算是"有所恢复"了呢？我认为，"恢复"就是客户要变得善于"自我关照"。所谓自我关照，就是"自己能很好地帮助自己"。每一位通过心理咨询恢复心理健康的客户，都会拥有这种关怀自己、照顾自己的能力。换言之，自我关照正是恢复心理健康的"钥匙"，正是因为他们学会了自我关照，所以才得以康复。顺便说一句，这里所说的"自我关照"并非指"一个人孤独地帮助自己",也包括"寻求别人的帮助"。在互相帮助中学会自我关照,对于身心恢复至关重要。这一点是关键,请你一定要牢记。

作为一名心理咨询师,我意识到了一个大问题——仅凭我一个人,只能为极少部分人提供心理咨询服务。

请客户来到我的心理咨询室,然后认真倾听他们的诉说,为他们提出建议,这需要大量的时间和精力。事实上,心理咨询不是一次就能奏效的。客户需要一次又一次持续地进行咨询,和我一起努力解决各种各样的心理问题,最终使自己恢复健康。这个过程既花时间,又花钱。而且,因为我的咨询室设在东京,所以住在距离东京较远的地方的人来我这里会很麻烦。不仅如此,我的心理咨询室每天预约爆满(虽说这是我的荣幸),很多人预约不上。另外,由于经济上的原因不能进行咨询的人恐怕也不在少数。

当然,这世上并不只有我一个心理咨询师,我也知道有比我更厉害的心理咨询师。但是我想,在心理健康领域,有很多人面临着同样的问题——与有烦恼、有痛苦,可能需要心理辅导的人相比,心理咨询师太少了,或者说,能接受到心理咨询帮助的人实在是太少了。于是,我决定写下这本书。我想根据我这30年来从事心理咨询工作积累的知识与经验,将自我关照的具体思路和方法毫无保留地介绍给大家。

用专业术语来说，我将在书中为大家介绍"压力管理""认知行为疗法""图式疗法"等内容，这些理论或方法都已经被实证研究过，并找到了相关依据。也就是说，这些方法不仅仅是我根据本人的咨询经验认为其"有效"，而且还是通过实证研究被广泛认定为"有效"的方法，因此，我想把这些方法分享给大家。

当然，阅读本书与"接受专业心理咨询师的帮助"并不是一回事。也许有人会想："就算读了这本书，又怎么可能和直接进行心理咨询的效果一样呢？"这种想法也许是对的，但请你先别急着下结论。

事实上，就我主攻的认知行为疗法而言，已有多项研究报告表明，与咨询师一起使用该疗法进行治疗，效果和通过手册或网络进行治疗相比并没有显著差别。而且，与心理咨询相比，购买本书要更省钱，还可以在生活中根据自己的日程灵活安排时间。所以，请大家一定要对这本书抱有期待。

如前面所说，本书以压力管理、认知行为疗法、图式疗法等理论或方法为基础进行编写。这些理论或方法也许听起来很晦涩，所以我在撰写本书时，尽量减少使用专业术语（对于必须使用的术语，我会添加注释）。

另外，人在虚弱或痛苦的时候，阅读文字也许会格外辛苦。因此，在本书中，我尽可能使用通俗语言，力求行文简洁。

只是,有一点要先跟大家说明一下,在本书中我只会频繁使用一个专业名词,那就是"外化"。所谓外化就是指,把发生在个人身心内部的现象,呈现到纸张、网络等外部媒介上。这种将自己在心理或身体上发生的变化写在纸上或者发到网上的行为,在心理学上被称为外化。

这种外化行为效果卓著,有十分重要的意义。在本书中,我会经常提到"外化"这个词,希望大家熟悉它。

对了,我刚才多次提到"认真练习本书介绍的技巧",这是因为本书并不单纯是一本读物,更是一本行动指南,我写这本书的目的是想请大家将书中介绍的各种小技巧付诸实践。

不会有人光靠阅读数学习题就能提高计算能力,也不会有人光读菜谱就能提高厨艺。想提高计算能力,就必须实际做题;想提高厨艺,就必须按照菜谱实实在在地炒菜。也就是说,想获得某种结果,必须认真练习、认真实践。

当然,只做一部分也没有关系。我想,人在虚弱或痛苦时,要把书里介绍的所有技巧全做一遍可能会有些困难。请你们阅读下一页的"本书的使用方法",在力所能及的范围内进行练习,无须勉强自己。但是,如果你感觉现在的你能够做到那些小技巧,希望你可以努力去做。

我们的身体和心灵都是很诚实的。只要你努力了,身心就会相应地感到轻松并有所恢复。虽然书中介绍的小技巧无法在短时间内带来飞跃性的变化，每次练习可能只能得到十分微小的效果，但是，积少成多，微小的效果经过日积月累，最终一定会让你完全康复。

"承受过大压力的人""现阶段身心虚弱的人""明知自己需要帮助，却不知如何是好、走投无路的人""被生活所逼没时间认真思考如何照顾自己的人""希望接受付费心理咨询，但由于经济或其他原因没能实现心愿的人""觉得人生十分痛苦、渴望从中解脱的人"……希望这本书能够帮助遇到这些问题的人，帮他们关怀照顾自己。

本书的使用方法

本书由 10 章构成,每一章将介绍 10 个自我关照的小技巧。阅读本书,你将会学到 100 个小技巧。

★ 本书的构成

第 1 章 "容易崩溃"的自己也应该被看得起

第 2 章 做个容易被爱的人

第 3 章 内心痛苦是身体发出的求救信号

第 4 章 保持觉察,是改变的第一步

第 5 章 把压力反应照单全收,你就是生活的强者

第 6 章 放松心态的秘诀:多说"到此为止"

第 7 章 每一种压力都有纾解的办法

第 8 章 你为什么而痛苦

第 9 章 你的坏情绪想告诉你什么

第 10 章 用心疗愈内在小孩

首先,请大家使用下面两把"标尺",检查你此刻的身心状态。

此刻,我有多痛苦?
此刻,我有多幸福?

第一把标尺是"痛苦标尺",第二把则是"幸福标尺"。请大家在数字1~100之间选取两个数字,分别表示自己目前感觉到的"痛苦"和"幸福"的程度,然后在标尺上标注出来。这两个数字反映了你此刻的身心状态,凭直觉进行标注就好。请大家在阅读本书的过程中,适当使用这两把标尺,随时检查自己的身心状况,并将其写在附录2的"标尺数值记录"中。记在手账本上或手机备忘录里也可以(这也是一种外化形式)。我撰写本书的目的就是降低大家的"痛苦数值",同时提高"幸福数值",就算每次变化的幅度没有那么大,只要不断累积,最终也会产生很好的效果。

此刻，我有多痛苦？

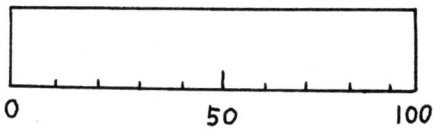

此刻，我有多幸福？

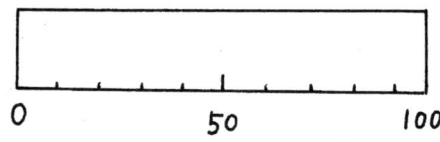

如果刚刚你在痛苦标尺上标注的数值已经超过90分，那你应该正处于饱受痛苦煎熬的状态。也许你因为太难受，活得十分辛苦；也许你正处于一片混乱当中，甚至连自己为什么而痛苦都搞不清楚。

在这种情况下，你必须先让自己平静下来。哪怕是权宜之计也好，总之必须先恢复清醒。同时，你可以尝试寻求他人的帮助。绝对不要一个人孤零零地待着，至少不能让内心一直处于孤立无援的状态。

因此，如果你的痛苦标尺数值在90分以上，请你从第1章中的10个小技巧中至少选取3个，从第2章中的10个小技巧中也至少选取3个，这样一来，其中任何1个技巧奏效的可能性都会大大提高。选择好技巧后，抱着"为了自己""照顾自己""帮助自己"的坚定信念，认真实践这些技巧。每天练习，坚持1个月。1个月之后，试着再次用两把标尺检查自己的状态。

正如前文所述，技巧的效果是潜移默化的，也正因如此，坚持下去才有意义。

如果你发现痛苦标尺的数值下降了一点点，那就继续练习前面两章的小技巧，同时进入第3章及后面的章节。如果你发现痛苦标尺的数值一点都没有下降，你可以将之前的技巧再坚持练习1个月，或者从第1章和第2章中重新选择其他的技巧（最好各选 3 个）加以练习。1 个月后，再一次试着用标尺检查自己的状态。

那么，痛苦数值在 90 分以下的读者朋友们又该如何使用这本书呢？或许你可以直接跳过第 1 章。值得一提的是，在今后的生活中，或许某些时刻你的痛苦数值会在 90 分以上，这种时候，你应该尝试第 1 章所述的各种技巧。另一方面，在你不那么痛苦的当下，第 2 章的某些技巧应该能让你感觉更好。哪怕一两个也好，请你试着做做看。

读者一般都会按顺序阅读和练习本书的内容，身为作者，我肯定也希望你们能从前往后一章一章地阅读本书。但是，肯定有朋友会觉得这样很死板，也有人只想学习自己感兴趣的技巧，大概还有人只对最后面的技巧更为热衷。

对此，你完全可以随心所欲、顺意而为。你可以随机选择，也可以根据自己的喜好进行挑选，即便不按顺序来，也能够获得很好的练习效果。所以你可以自己决定练习的顺序。

但是，我想提醒大家两点：

- 不仅要读，还要付诸实践哦！
- 不要只做一次，要重复做好几次哦！

当你选定了一个技巧，请你一定要每天坚持练习，至少坚持 1 周，最好是能坚持 1 个月。之后，请你感受这种持续努力带来的细微变化。

本书中的任何一个技巧，在坚持 1 个月后都一定会产生效果。也许这个过程让你心焦难耐，但坚持本身就非常重要。这与锻炼肌肉和掌握一门乐器的演奏技法是一个道理，坚持是最重要的。你不需要心急，因为完成本书的所有练习可能要用一两年的时间。即便接受心理咨询，同样也需要这么久的时间才能完全恢复。

最后，如果你近期在心理诊所、医院的精神科或心理科等地方接受治疗，或者正在接受某项心理咨询，抑或在接受某种援助（哪怕不是心理咨询），请你一定要事先告知你的医生或帮助你的人：你打算按照本书介绍的技巧来练习。虽然我认为这种情况极其少见，但万一你的主治医生认为你现在不适合做这些练习，那么请你遵从他的指示，待状态稍微好转后再去询问能否练习。我想，在大多数情况下，医生都会同意并且鼓励你做这些练习的。

在这种情况下，请你务必随时向你的医生或帮助你的人汇报你的努力过程，获得他们的支持，让这些人成为你的后援力量。你也可以向家人、朋友及同事等人分享你的进展，他们的鼓励将支持你不断前进。

如果你觉得身边没有人能够给你支持，也请不要灰心丧气，身为作者的我，就是你最强大的后援。成为读者的助力，也是我写这本书的原因。请你不要忘记，我，伊藤绘美，会永远永远支持着你！

目 录

前言 I
本书的使用方法 VI

第 1 章 "容易崩溃"的自己也应该被看得起

太痛苦时就说出来吧	003
最低成本的安慰，一个动作就够了	005
给身体来点"刺激"	006
感到疲惫时，练习"向下发力"	007
烦到什么都不想做，不如裹进毯子里睡一觉	009
先放松肌肉，才能放松情绪	010
把大口呼气培养成习惯	012
做些无聊的事也很有用	013
用力拥抱	015
换个环境，更容易走出痛苦	016

第 2 章 做个容易被爱的人

爱自己才要被他人爱	019
身边总有人能治愈自己	021
想象和自己崇拜的人在一起	023
想象被自己喜欢的事物包围着	024
只会等待救援,结果可能孤立无援	025
做心理咨询并不代表"我不好"	027
寻求帮助,你需要"行动力"	029
怕线下尴尬,就建立线上"倾诉空间"	031
划清社交"红线",在安全的环境里表达脆弱	032
需要他人并不代表"我软弱"	033

第3章 内心痛苦是身体发出的求救信号

比起"要坚强",自己感觉好更重要	041
感到有危险,那就快跑	043
左右不了环境,那就左右心情	044
决定生活质量的,是你对家庭的经营	046
工作让人"抓狂",不必自我指责	048
告别错的人,是爱自己的重要方式	050
做好收支管理,情绪能好一大半	052
担心自己身心健康,说明你开始焦虑了	054
心理创伤不断闪现,要谨慎处理闪回和欲求	056
每天写压力日记,把压力外化	058

第4章 保持觉察，是改变的第一步

觉察不是内省，只要感受到就好	063
给你的压力反应起个外号	065
给压力反应的程度赋值	066
是什么在你的脑中"肆意乱撞"	069
你不必时刻情绪稳定，更不必自责	071
身体的感受会真实地反映内心状态	072
习惯性行为反映压力源	073
"画"解内心的痛苦	074
认知行为疗法模型：寻找压力体验	075
照顾自己，从觉察压力体验开始	076

第5章 把压力反应照单全收,你就是生活的强者

"实况转播"目之所见	082
视线下落,感受呼吸	084
用手抚摸美妙的"世界"	086
"葡萄干练习"	087
调动五感享受沐浴	089
专注于行走,不刷手机、不胡思乱想	091
专注于聆听环境中的各种声音	093
未被疗愈的创伤,会藏在身体的哪些部位	095
闻闻喜欢和不喜欢的气味	096
接纳压力反应,就能减轻不适感	098

第6章 放松心态的秘诀：多说"到此为止"

我刚刚在想什么	105
我现在感觉怎么样	107
让纷乱的想法被看见	108
让"树叶"漂流	109
吹散"蒲公英"	111
让心灵"怀孕"	112
封上坏情绪的"坛子"	114
冲掉情绪的"大便"	115
眺望心海的波浪	116
停止胡思乱想，才能回归宁静	117

第7章 每一种压力都有疏解的办法

用平静治愈烦躁	121
寻求帮助是技巧,更是能力	123
觉察是一生相伴的内在旅程	125
专注于宁静,就能走出纷扰	126
你对自己说什么,就会发生什么	128
别太用力,适可而止	130
先解决问题,再处理情绪	132
寻找久违的松弛感	134
把喜爱的事物放在身边	136
建立压力应对策略库	138

第8章 你为什么而痛苦

你未被满足的情感需求有哪些	145
在确保安全的情况下大胆做自己	147
大大方方地"渴望被爱"	149
你被"黑洞"吞噬了吗	152
他人比风景更重要吗	153
抛开否定,才能活得自信有力	154
不用"讨好别人"消耗自己	155
完美是一片苍白,放轻松才会五彩斑斓	156
每个人都需要无条件的认可	157
在觉察后,无条件地接受当下的自己	158

第9章 你的坏情绪想告诉你什么

锁定内心的"攻击者" 163

专注于情绪的对立面 165

转变情绪,你需要一点仪式感 166

不主动屏蔽消极想法是一场灾难 167

反驳盘踞在心里的"诅咒" 169

向人倾诉烦恼,本身就很强大 171

想象同"战友"一起击败"诅咒者" 172

创造"希望之语" 173

把"希望之语"大声念出来 174

成为积极快乐的"发光体" 175

第10章 用心疗愈内在小孩

大多数不如意都源于内在小孩 179

给内在小孩起个名字 180

你的内在小孩一直在等你 181

难受时，跟内在小孩聊天 183

和自己待在一起 185

满足内在小孩的情感需求 186

建立自己的边界 187

你的内在小孩正在向你求救 189

勇敢地表达自我 190

可控的事保持谨慎，不可控的事保持乐观 191

后　记 192

附　录 194

第 1 章

"容易崩溃"的自己也应该被看得起

章前解说

如果你在痛苦标尺上标注的数值超过了90分,那么请你先从第1章介绍的10种小技巧中任选1种开始练习。同时,也希望你努力做到"与他人建立联系"(见第2章)。请你从"本书的使用方法"中,选择2~3个技巧进行练习,哪怕每次练习的时间不长也没关系,只要每天坚持就好。

还有一些读者的痛苦数值并没有超过90分,但现阶段依然觉得疲惫难忍,想要觅得身心的平静。那也请你们先从第1章的小技巧着手,掌握一些让自己凝神静气、保持平静的方法,这将对你们大有裨益。请大家抱着"这些技巧一定能帮到我"的坚定信念,认真地实践。

有时,我们的心中会冒出"做这种事有什么用""做了也白做"之类的消极想法(人越是在痛苦的时候,就越容易产生这样的想法)。此时,不妨请你把这些想法先搁置一旁,集中精神完成练习。要是注意力难以集中,你可以试着"假装专注"。在"假装"的过程中,你的注意力不知不觉间就真的集中起来了。这一"弄假成真"的现象在人们身上是很常见的。

太痛苦时就说出来吧

"我好痛苦啊!"

"我受不了了!"

"怎么办啊!"

"不想活了!"

"真想去死啊!"

"太难受了,我好像精神失常了!"

"再这样下去我会疯掉的!"

"爱怎么样就怎么样吧!"

"我什么都不在乎了!"

…………

此刻的你无论有什么想法都没关系。

不要压抑你内心的"呐喊",将它们化作文字,写在下一页的对白气泡中吧。如果气泡太小,那就在你手边的空白本子上或传单的背面肆意挥毫吧。实际上,你不仅可以把它写下来，还可以将其喊出来。无论是独自待在房间里，还是在街上行走时，无论是在浴室或厕所里，还是面朝大海时，都不妨试着大喊："我好痛苦啊！"

最低成本的安慰，一个动作就够了

当我们用自己的双手，温柔地轻抚或轻拍身体的某个部位时，心里的苦痛也会得到缓解。我们可以抚摸、轻拍自己身体的任何部位——头、脖子、肩膀、锁骨、肚子、臀部、大腿、小腿、膝盖……如果可以的话，请你闭上双眼，试着用身体去感受来自手掌的重量和温度，感受触摸所带来的柔和的刺激，就这样保持一段时间。可以一边数数一边做这个练习。

一、二　　　三、四

一边数数一边轻拍身体

给身体来点"刺激"

给你的身体施加一个较强的刺激,这个刺激并不是指割腕等自残行为。所谓的较强的刺激,可以是用力掐自己的手背或胳膊、紧紧地握住冰块、将双手放到冰水里、用指甲用力按压头皮或者用拳头使劲按压大腿等行为。然后,这些刺激给身体所带来的感受就会吸引你的注意力,通过将注意力锚定在这种刺激感上,你便可以从纷乱的思绪中清醒过来。

注意事项:这一技巧的根本目的是让我们恢复清醒,而不是给身体带来痛苦。如果你感到自己可能会进一步发展到自残的地步,那么,请你立即停止这项练习,并尝试本章的其他技巧。

感到疲惫时,练习"向下发力"

当我们感到痛苦、不安,或者很疲倦时,身体会倾向于向上发力,时间久了,可能会导致呼吸变浅、肩膀酸胀或头痛。因此,越是在痛苦的时候,我们越要有意识地让身体的力量和重心向下释放。

比方说,你可以做这些事:

- 保持坐姿,双脚脚心放松地压在地板上。
- 在站立时收紧下肢肌肉,体会双脚牢牢地踩在地上的感觉。
- 模仿相扑选手的"四股"动作,扎一个马步,双手放在膝盖上,交替抬高双腿并用力踩下去。
- 去超市试着搬起一袋5千克的大米,用自己的下半身真真切切地感受它的重量。
- 想象地球的重力源源不断地将你向下牵引……

意识不断下沉

烦到什么都不想做，不如裹进毯子里睡一觉

被某件又软又大的东西轻轻裹住时，我们会感到安心和平静。

你可以坐在椅子上，用一块布包着头和肩；也可以钻进毯子里蜷缩着身体，摆出与胎儿在妈妈的子宫里一样的姿势；或者把窗帘裹在身上。

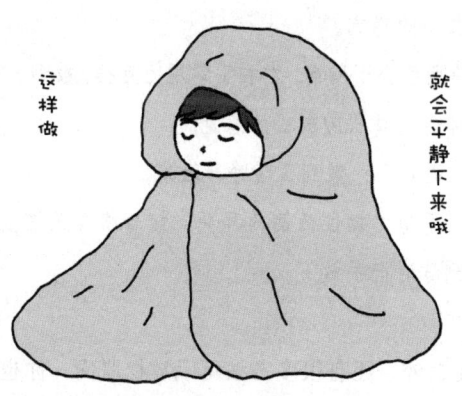

这样做　　就会平静下来哦

先放松肌肉,才能放松情绪

用力绷紧身体某个部位然后突然放松,是很有效的肌肉放松法。例如:

- 用力握紧双拳,数到 3 时猛地张开双手,体会手部肌肉放松的感觉。
- 用力耸肩,数到 3 时将肩膀落下来,体会肩膀肌肉放松的感觉。
- 将两手合于胸前,左右手掌用力互推,数到 3 时松手,体会手臂肌肉放松的感觉。
- 双眼紧闭,数到 3 时睁开眼睛。
- 双手用力抓住两侧的耳朵,接着将耳朵往上提,数到 3 时把手放下。

除此之外,还有很多方法可以放松肌肉,你也可以根据上述练习,创造出属于自己的独特技巧。

把大口呼气培养成习惯

呼气是一种"身体的智慧",能消除身心的紧张感和疲惫感。因此,不管何时何地、身处何种状态,你都可以有意识地大口呼气,这是非常好的自我关照方法。一天大口呼气一两次是不够的,至少得5次、10次。请你反复地、大口地吐出你的坏情绪。

持续大口吸气可能会带来疲惫感,但持续大口呼气只会让你感到越来越放松。

大口呼气是最好的自我关照

做些无聊的事也很有用

做些简单的、重复性的动作,也能帮助我们暂时平静下来。比如:

- 拿一张纸巾反复地撕,撕到"再也没法撕"的程度后,将碎纸片垒成一座"小山"。
- 拿剪刀把传单、旧报纸等没用了的纸咔嚓咔嚓地剪碎,剪到"再也没法剪"的程度。

此外,你还可以重复做以下事:

- 不断地捏爆塑料气泡膜。
- 认认真真地洗手。

总之,就是要动手、动手、再动手。

用力拥抱

拥抱这个行为本身就能够让你迅速平静下来。

你可以拥抱家人、伴侣、朋友,也可以拥抱宠物或毛绒玩具。你也可以用力回抱自己的身体。拥抱靠垫或枕头也是不错的选择。你甚至可以紧抱公园里的树木,虽然路人也许会觉得你很奇怪,可只要能让自己获得平静,就算别人觉得奇怪也没关系!

换个环境，更容易走出痛苦

在厕所里待一段时间，能够在很大程度上帮助我们平静下来。最好是坐在温热的马桶上，一边感受着温暖，一边静静地坐一会儿。

也不一定非得是家里的厕所。走出家门，到车站、商场大楼、超市或咖啡厅的卫生间里待一会儿也是个不错的选择。不过，为了方便他人，在外面的卫生间里不要待超过10分钟。

即便不去厕所，"离开现在所处的地点，换个场所"这个行为本身在心理治疗中，就是十分有效的方法，这种方法叫"计时隔离"。当你感到痛苦难耐时，不要试图改变这种痛苦的心情，而是要试着离开当下所处的场所。

坐在温热的马桶上

第 2 章

做个容易被爱的人

章前解说

正如前言所述，"自我关照"确实是"自己照顾自己"的意思，但这和"不接受别人的帮助，独自照顾自己"是两码事。熊谷晋一郎[1]曾说："自立就是增加可依赖的对象。"我们只有在依赖与被依赖的相互关系中，才能更好地生活下去。

或许有人会想："这话是没错，可现实是我连一个可以依靠的人都没有。"但是我要告诉你，重要的不仅仅是现在有人可依赖，拥有"寻找能够依赖的人""在心中想到某人"等想法都是很重要的。从心理学的角度来看，这就是你在"与他人建立联系"。至少，不要让你的心灵孤单。

痛苦数值超过90分的人，绝对不要让自己陷入孤独的情绪中。请在下面列举的10种方法中选择3种，然后尝试着与他人建立联系吧。

---

1. 熊谷晋一郎既是一位医生，也是一名脑瘫患者。他曾出版过《当事者研究》等书。——作者注

爱自己才要被他人爱

"反正我总是一个人。"
"我没有朋友。"
"我不相信任何人。"

自己给自己下这样的定论,是相当危险的。每当你这样想,就相当于在心里虐待自己。请你为了自己,抱着这样的坚定信念:"至少我不会让自己的内心感到孤独。"就算现在你身边没有人能为你提供帮助,那也没有必要感觉自己孤立无援。

首先,请你下定决心:

"我不会让自己成为孤家寡人。"

其次,要坚信:

"我值得别人帮助。"

"我可以向别人求助。"

"一定会有人（或者物）来帮助我。"

最后，在此基础上，试着练习后面的技巧。

身边总有人能治愈自己

实际上,我们不可能"孤身一人"活着。即便完全不参与社交,也总得吃东西。有人生产食物,有人将食物运到商店里,有人把食物卖给我们。正是有了这些人的存在,我们才得以享用到食物。

即便不说那么间接的关系,你身边总应该有些"熟面孔"吧?便利店或超市的店员,点头之交的邻居,车站的工作人员,派出所的警察,附近的野猫(有一只黑色野猫住在附近公寓的院子里,我非常喜欢它!),公园里看到的孩子和老人,造访阳台的鸽子与麻雀……

即便和这些人或动物没有直接的、亲密的来往,也请你在脑海中浮现出这些熟悉的形象,并试着把他(它)们的名字写下来,这样你就能明白,自己并不是"孤零零的一个人",而是生活在社会的网络之中。

我身边的熟面孔是什么样子来着？

想象和自己崇拜的人在一起

不管是现在还是过去,每个人都有喜欢或崇拜的人吧。

这些人可以是你认识的人,也可以是书本或电影里的人物,比如我就很崇拜登山家山野井妙子女士。即便不是现实生活中的人,只是某个角色也没关系。我最喜欢的角色是漫画《天才傻鹏》里傻鹏的爸爸。

请你将这些人或角色的名字汇总起来,然后一个一个地想象他们的样子吧。

想象被自己喜欢的事物包围着

我在前文中提到了傻鹏的爸爸，接下来，让我们来盘点一下自己喜欢的角色吧。我喜欢的角色有傻鹏的爸爸、姆明妈妈、樱桃小丸子、神奇宝贝……

对养宠物的人来说，宠物是他们很重要的伙伴。你可以回想之前养过的宠物，就我来说，我以前养过一只叫"小奇"的鸡尾鹦鹉，我可喜欢它了！

另外，你目前特别珍爱或者曾经珍爱的毛绒玩具也是你很重要的伙伴。我最爱的是一个以哥斯拉为原型设计的布偶，我叫它釜吉，它还有两个弟弟，一个叫小蜥（因为它是变色蜥蜴玩偶），一个叫象象（因为它是大象玩偶），它们太可爱了，真想让大家都看看它们！

被喜欢的事物围绕着，真幸福啊！

只会等待救援，结果可能孤立无援

努力寻找可以提供心理咨询服务的专家或机构吧！当今时代是迅速发展的时代，也是信息爆炸的时代，除了在生活中流动着各种信息，网络上也充斥着大量的资讯，我们用智能手机或电脑就能快速搜集到，比如，××专家或机构是否值得信赖等。

要想在麻烦来临前有所准备，或者将正身处困境中的自己解救出来，我们首先要收集援助信息，可以写在笔记本上，也可以记到手机的备忘录里。

即使不通过网络，也可以通过询问他人等方法来收集援助信息。只有收集到信息，你才会在遇到个人无法克服的困难时，想到"也许某个人或某个地方可以帮助我"。另外，寻找和自己有类似烦恼的人组成的"自助小组"也是一个办法。

把援助信息都写下来

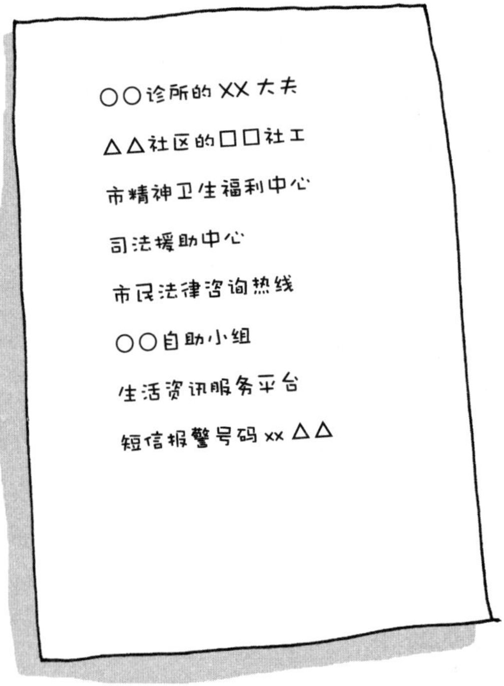

○○诊所的XX大夫
△△社区的□□社工
市精神卫生福利中心
司法援助中心
市民法律咨询热线
○○自助小组
生活资讯服务平台
短信报警号码 xx △△

做心理咨询并不代表"我不好"

在收集到各种信息后,让我们好好思考一下,哪些信息是真正能够帮到自己的。

- 哪些援助信息能够实际使用?
- 这些信息对自己是否有用?
- 这些信息能否帮到自己?

然后试着去预约咨询。如果你自己不清楚该如何选择,也可以找人帮你选。

如果你担心私立机构或者个人提供的咨询服务并不能很好地帮助你,那最好一开始就选择公立机构。成功预约后,就该为咨询做准备了。与其两手空空地去,不如提前把自己遇到的困难、想要咨询的事情具体地写出来。

接下来,你就要前去咨询了。如果是通过发送邮件、在网上留言或拨打电话的形式进行咨询,在家里就可以做。咨询结束后,无论效果如何,你都要表扬自己敢于迈出这一步。因为向别人寻求帮助这件事本身就是非常重要的"自我帮助"行为。让我们好好表扬一下能够做到这一点的自己吧!

向别人寻求帮助本身就是"自我帮助"的一种形式

寻求帮助，你需要"行动力"

要是你在第一次咨询时，就能得到对自己有用的帮助，那可真是太幸运了。事实上，首次咨询就能得到满意的结果，这样的情况并不多见。因此，即便第一次咨询让你觉得不太满意，也不要气馁，而是要不断地去咨询，并坚持一段时间。你可以一直找同一个人或机构咨询，也可以更换对象进行咨询。

总之，请你不要气馁。只要坚持寻找，你一定会找到能够帮助你、支持你的人。而且，在坚持咨询的过程中，你自身的"咨询能力"也会得到提升。这种能力越强，你就越容易找到可靠的支持者和机构。因此，即使现在找不到可靠的咨询对象，也不要垂头丧气，请把这些不成功的经历当成"提升自我咨询能力"的好机会，继续坚持下去吧。

不要气馁,坚持寻找

怕线下尴尬,就建立线上"倾诉空间"

使用微信、QQ、微博、小红书等社交软件来挖掘援助信息也是现代特有的方法。不过,这些社交软件虽然简单好用,但也可能接收到负面信息,或者使你与陌生人发生不愉快的交流。我们要保护自己远离这些风险,比如,屏蔽掉在网络上令你感到不适的人,只与能够帮助自己或互相帮助的人来往。在社交平台上创造出一个能够支援自己的空间,会对你大有裨益。

实际上我就有过类似的体验。当我因家人生病而不知所措、感到沉重的压力时,我曾在社交软件上向大家求助,并且得到了非常有用的信息和建议。

划清社交"红线",在安全的环境里表达脆弱

有些人能够支持你、帮助你,但也有一些危险人物会给你带来伤害。因此,我们在选择交往的朋友、咨询的对象或机构时,一定要小心谨慎。当我们认为某个人会对自己产生威胁的时候,一定要与他保持距离或直接远离,以此保护自己。

请你在下面的空白栏中,列举出你认为的"危险的人",并试着写出"如何与危险的人拉开距离""如何远离危险之人"的具体办法吧。

> 对我来说,谁是危险的人?

需要他人并不代表"我软弱"

请综合考虑前面的9个技巧,把能支援你的力量填写到纸上,将个人支持网络进行外化,随身携带这页纸并不时翻看。通过查看外化后的支持网络,你能重新意识到,你不是孤身一人,总有一些力量会支持你。另外,如果支持、帮助你的人或机构有所增加,请你立刻补充在这张纸上。

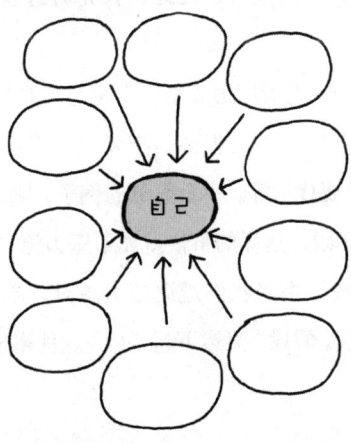

压力心理学

在进入第3章之前,请允许我为你简单介绍一下"压力心理学"。

在前言中,我曾经说过,痛苦数值超过90分的读者们需要尽快投入到第1章和第2章的练习方法中去。当然这两章的技巧对痛苦数值不到90分的读者们也十分有用,请大家一定要试着实践一下。

接下来,在第3~第7章这5个章节里,我会基于"压力心理学""专注""应对"等理论或方法,为大家具体介绍一些自我关照的技巧。在此,我先对这些理论进行简单的说明。

首先,我们来看看压力模型、专注与应对的关联图。

"压力源"即压力的根源,指发生在我们身上的"刺激""事件""变化"等。举个简单的例子,刚才还是晴天,现在突然下起了雨,这样的事情就属于压力源。

"压力反应"指当我们遭遇压力源时,心理和身体所产生的各种反应。假设"突然下起了雨"这件事成了压力源,我们可能会想"啊,下雨了,真烦,衣服和包都要淋湿了",因而心里感到十分郁闷,这就是一种压力反应。

实际上,因"突然下起了雨"而担心"衣服、物品、头发都被雨淋湿"只是压力反应之一;因为下雨而感到全身发冷也是压力反应;由于身体发冷而产生的"唉,这要是感冒了可怎么办,明天工作可不能请假啊"这样的担心依然是一种压力反应。面对来者不善的压力源,我们的心灵和身体会表现出各种各样的反应。

"专注"指的是对压力源和压力反应的觉察。关于专注,我会在第5章与第6章详细介绍。专注的状态指对于

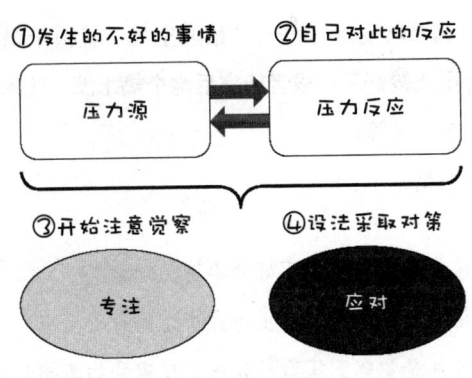

压力模型、专注与应对的关联图

各种各样的压力源或压力反应,我们完全不去评价其好坏、对错,也不关心自己对它是喜是厌,不管发生了什么、产生了什么反应,都要觉察到它们,心里想着"原来是这样啊",然后如实地接受它们。

在进行专注训练时,我们要关注的不仅仅是压力体验,还有我们身心所有的感觉。单就压力体验来说,对于压力源和压力反应,我们要觉察到自己的感受和想法,比如,"我刚刚在想下雨好烦""我刚刚感觉到雨把头发打湿了""刚刚我在担心是否会感冒",然后,如实地接受这些感受和想法。

"应对"指你面对压力源和压力反应时为了帮助自己而采取的某种对策。比如,突然下雨时,你跑进便利店买把伞,或者试着转变想法——"最近空气一直很干燥,还是稍微下点雨比较好",或者回家后泡个热水澡,让冰冷的身体暖和起来,等等。

再次总结一下:

- 压力源指发生的不好的事情。
- 压力反应是大家对压力源产生的身心反应。
- 专注是觉察到压力源和压力反应并如实接受它们。
- 应对指面对压力源和压力反应时所采取的行动。

请大家把这些定义先搁在脑海的一角,然后开始第3章到第7章的练习吧。

第 3 章

内心痛苦是身体发出的求救信号

章前解说

如前所述,所谓压力源,是指发生在我们身上的刺激、事件、变化等。我在前面所分析的"突然下起雨来"事件只是一个很简单的例子,在漫长而平凡的人生中,我们会与各种各样的压力源狭路相逢。

压力心理学告诉我们:不要对觉察到的压力源置之不理,哪怕它十分微小,都要将其外化(写下来)。换言之,"觉察并写出压力源"这件事本身就包含着"自我关照"的重要意义。

因此,在第3章中,我将介绍10个小技巧,帮助大家充分觉察自己身边的各种压力源,并将它们写出来。请大家务必一试。

比起"要坚强",自己感觉好更重要

只有先觉察到压力源的存在,才能做到从容应对。一般情况下,我们很容易觉察到那些沉重的、较大的压力源,比如遭遇交通事故、被炒鱿鱼、和家人大吵一架等;同样,对于一些中等程度的压力源,比如把手机落在地铁上、明天必须提交某个报告、被上司臭骂一顿等,我们一般也不难察觉。

但压力心理学认为,留意到比中等程度更微小的压力源也是非常重要的。

所谓微型压力源,就是我在上文所提到的"突然下起雨来"这种程度的压力源。比如:

- 不是"和某人吵架了",而只是"跟某人有点合不来"。
- 不是"欠了钱",而只是"这个月生活费有点紧张,没法买冰激凌解馋"。
- 不是"家里乱得像垃圾场",而只是"玄关积了一层薄薄的灰尘"。

也许有人会说:"这种芝麻大的事情也可以算作压力源吗?"

没错!

不仅如此,正如上文所写,心理学告诉我们,正是觉察到这些看上去微不足道的压力源,才格外有意义、有效果。

之后我将为大家介绍各种觉察压力源的小方法。请大家写出困扰自己的压力源(即外化),不仅要写出那些大的压力源,还要试着发现那些中等程度甚至更微小的压力源。

感到有危险,那就快跑

接下来,我会请大家从各个角度去觉察压力源,并将其写下来。不过,假如你突然遭遇了特别危险的压力源,这时候可不容你悠闲地"觉察并写出它们",你唯一要做的就是"快跑"!也就是说,一旦你意识到"这个压力源很危险",就一定要尽全力逃离,或者采用第 2 章中介绍的方法向他人寻求帮助。

危险压力源包括但不限于"被某人施暴""目击暴力行为""被跟踪狂纠缠""遭遇诈骗""遭受犯罪侵害""被骚扰""被虐待"等。此时,请尽快逃离并求助他人,总之,一定要保护好自己!

左右不了环境，那就左右心情

所谓物理性压力源，就是指发生在外界的、与自身没有直接关系的压力源。例如：

- 下雨了。
- 外面热得受不了。
- 噪声太吵了。
- 椅子太硬，坐着难受。
- 被后车的远光灯闪到眼睛。
- ············

因为这些压力源是物理性的，所以我们难免会感到"人力有限、解决无门"。我们既不能阻止老天下雨，也没法让硬邦邦的椅子变柔软。可是，即便再解决无门，只要我们觉察到这些压力源的存在，将它们写出来，情况就会有所不同。因此，快将困扰你的物理性压力源全都外化出来吧。

试着写出物理性压力源

决定生活质量的，是你对家庭的经营

虽然家庭能够给予我们帮助和支持，对我们来说十分重要，但另一方面也会带来家务、育儿、照顾父母等方面的一些压力源。哪怕这些事再琐碎也没关系，请你觉察与此相关的压力源，将其外化出来吧。例如：

- 丈夫爱唠叨。
- 衣服扔得乱七八糟。
- 水、电、燃气费迟迟未缴。
- 孩子总爱找借口。
- 照顾妈妈时她总是不满意，还唠叨我。

工作让人"抓狂",不必自我指责

我们也许能从工作、学习中获得很多价值感、成就感和愉悦感,但另一方面,我们也会遇到各种各样的压力源。无论压力程度是"泰山压顶"还是"鸡毛蒜皮",试着将这些压力源都写出来吧。例如:

- 公司太远,上下班很累。
- 同事跟自己合不来。
- 制服款式难看。
- 工资太低。
- 上司的玩笑话很无聊。
- 学校校规太严。
- 客户难缠。

告别错的人，是爱自己的重要方式

人际关系中也会伴随着各种各样的压力源。如果你能想到什么与此相关的压力源，请直接写出来吧。就算跟前面练习中写下的压力源重复也没关系，你可以想到什么就写什么。例如：

- 妻子老是唠叨。
- 在电梯里跟邻居打招呼，对方却不理我。
- 同事们好像在说我的坏话。
- 被恋人甩了。
- 朋友一直发微信消息打扰到了我。

做好收支管理，情绪能好一大半

关于金钱和生活方面的压力源，应该也不少吧。我们也要将它们事无巨细地写出来。例如：

- 想多存点钱却攒不下来。
- 孩子的学习开销太大了。
- 不知不觉间在便利店买了不需要的东西。
- 还贷款好辛苦。
- 错过了垃圾车来收垃圾的时间。
- 家里总是乱糟糟的。
- 楼上的孩子总是跑来跑去，声音吵得要命。

担心自己身心健康，说明你开始焦虑了

虽然我们的身心状况跟外部物理环境不同，但也确实会出现各种有违我们意愿的情况。请你把这些也当作压力源，想到什么就都写出来吧。例如：

- 最近体重增加了2千克，衣服变紧了。
- 有了蛀牙，却没时间看牙医。
- 最近一直情绪低落。
- 一想到将来的事就忧心忡忡。
- 吃坏肚子了。
- 荨麻疹一发作身上就奇痒难忍。

心理创伤不断闪现,要谨慎处理闪回和欲求

如果你的内心存在着某些阴影或创伤,那么你可能会在脑海中不断闪回,即反复回想或梦见那些给你造成伤害的场景。或者你对某样东西上瘾,比如对酒精、药物、游戏、赌博、购物等事物或行为产生强烈的欲求,导致你想戒也戒不掉。闪回和欲求产生之时,一定存在着某个触发点,而这一触发点也可以理解为一种压力源。请你仔细观察一下,究竟是什么样的触发点使你产生闪回和欲求,找到这个触发点并写下来。例如:

- 曾经受过伤害的那个日期又快到了。
- 街上放着记忆中的歌曲。
- 闻到了熟悉的气味。
- 看到了酒精饮料的试饮促销。
- 在购物软件上看到了漂亮的衣服。
- 感到寂寞的时候。

- 肚子饿的时候。
- 在朋友圈看到了朋友们开心的照片时。

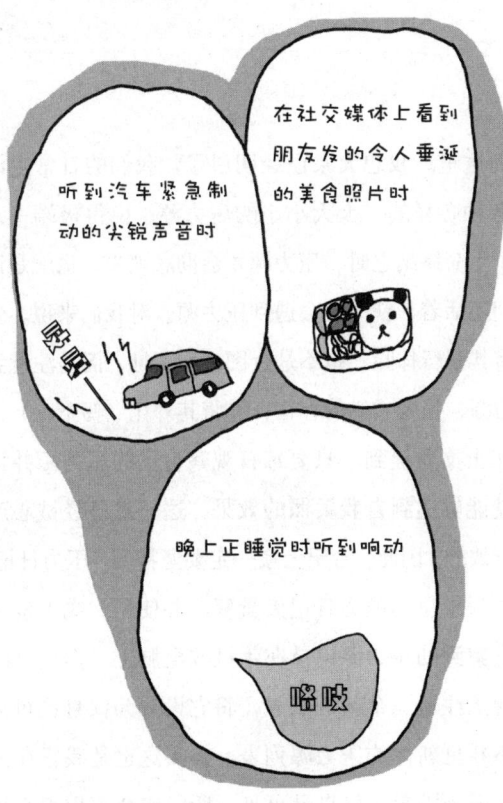

每天写压力日记,把压力外化

读到这里,我想大家已经明白了,我们的日常生活中充斥着各种各样的、大大小小的压力源。说得极端一点,只有到了生命终结之时,压力源才会彻底消失,也就是说,只要我们还活着,就一定会遇到压力源。对我们来说,重要的不是将其强行抹除,也不是企图视而不见,而是注意到每一个压力源,接受它们的存在,并将其外化(写下来)。

我在上文曾提到,只要每日观察自己的压力源并记录下来,就能够达到自我关照的效果,这一点已经被心理学证实是有效的。因此,希望大家一定要坚持写"压力日记"。你可以将附录里的压力日记大量复印并使用,或者也可以将每次觉察到的压力源记录在手机或电脑上。你还可以在社交平台上注册一个新的账号,将它设置为仅自己可见,在上面不断更新你的压力源列表。其实这也是我正在使用的方法。因为设置了仅自己可见,所以完全不用担心被别人看到!

第 4 章

保持觉察，是改变的第一步

章前解说

如果各位觉察到了自己的压力源,那么接下来就要将注意力转向由压力源引发的各种压力反应。在面对"突然下起了雨"这样的压力源时,每个人都一定会有所反应:或开始抱怨,感到不快;或不想被淋湿,想办法避雨。面对压力反应,重要的不是一开始就考虑处理之策,而是要先觉察到"自己出现了某种压力反应"这一事实,然后理解并外化这种反应,这一做法在心理学上也被证实对自我关照有益。

在此,我希望大家谨记一点——所有的压力反应都是自我保护的正常反应。人类,乃至所有生物,其身体和心理出现的压力反应,其实都是一种让自己存活下去的保护机制。心理创伤反应(闪回、解离和心理麻木)也是同样的原理。所以,你没有必要因出现压力反应而自责,产生自我否定的想法。首先,让我们承认自己出现了这种反应,然后去接纳它吧!

觉察不是内省,只要感受到就好

通过练习之前的技巧,你已经拥有了觉察压力源的能力。接下来,就是要意识到,身体和心灵面对突如其来的压力源时出现了哪些变化和反应,并尝试将注意力转向它们。尽可能地去捕捉压力源给你的身体和心灵带来的变化:不自在、不愉快、郁闷、沉重感、厌烦、痛苦……最初的感知就算粗略一些也没有关系,让我们将注意力集中到自身发生的变化和反应本身上吧。

只有出现了压力源，才会发生压力反应，那么反之，我们有时也可以通过觉察自己身心的压力反应，找到压力源。比如问自己："我现在有压力吗？""我的压力源是什么？""难不成是那件事？"如此便能找到压力源了。身体和心灵比我们想象的更加聪明、更加敏感。有时，对于大脑没有注意到的事情，身体和心灵却会敏锐感知并率先做出反应。因此，一定要仔细地体察自己的身心，捕捉最细微的变化和反应，这一点相当重要。

给你的压力反应起个外号

当你觉察到自己的身心出现了某种反应后,试着给它起个名字吧,哪怕随意一点也没有关系。

比如,"不对劲""不爽""焦急""身体疼痛""心烦意乱""六神无主"等,什么名字都可以。或者,"不太清楚是什么,但我确实感受到了""谜一般的压力反应"这样的名字也行。总之,觉察压力反应的第一步——试着给自己好不容易捕捉到的压力反应起个外号。

给压力反应的程度赋值

继给压力反应命名之后,这次我们就来测量一下压力反应的大小和程度。比如,假设压力反应最大值为 100,那你现在感受到的反应大约是多少呢?50,75,90,还是说只有 15 或 20?

可以试着用图形来描述你感受到的反应,用扇形图或柱状图这种可以直观体现数值大小的图形就可以。通过赋值,我们可以清楚地掌握自己身体和心灵产生的压力反应的程度。

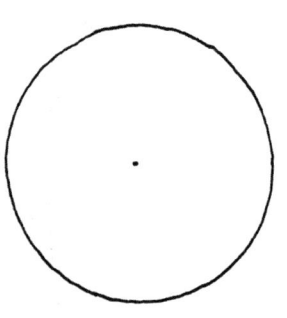

你的压力反应有多大?
试着画下来吧

认知行为疗法

接下来，我要向大家介绍一种心理学治疗方法——认知行为疗法。

诚如大家所知，我们将遇到的坏事称为压力源，将压力源在身体和心灵上引发的反应叫作压力反应。经过前面的技巧练习，大家已经能够给自己的压力反应进行简单命名，并为其程度赋值。单是完成这些事情就已经很有意义了，但如果可以的话，还是希望你能够更加具体地觉察、捕捉自身的反应。

认知行为疗法将人的反应分成了"认知（自动思维）""情绪、情感""生理反应"和"行为"4个方面（具体可见下页的认知行为疗法模型图）。因此，能够从这4个方面去感知压力反应是十分重要的。关于这一点，我会在下文进行具体的阐述，大家不要把它想得过于晦涩，请酌情阅读并试着练习各个技巧吧。

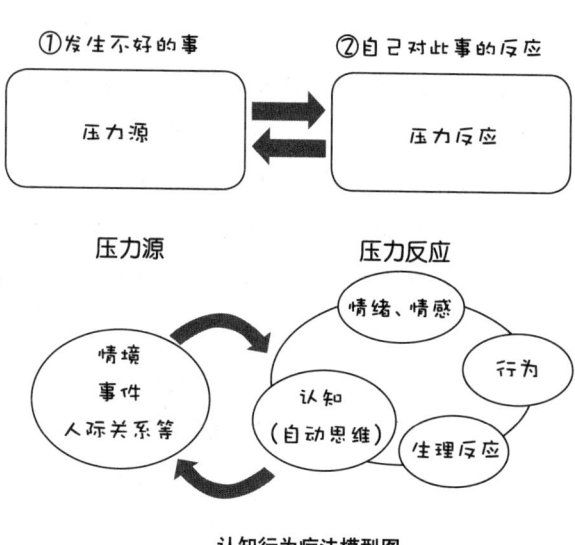

认知行为疗法模型图

是什么在你的脑中"肆意乱撞"

"认知"指头脑中的想法、记忆、知识以及信念。"自动思维"也是认知的一部分,指"头脑中随时自动闪过的想法和印象"。要想觉察到压力反应,最好先学会关注你的自动思维。试着感知自动思维,并将其转化成语言。

自动思维会作为压力反应出现,那么如何将其转化成语言呢?请参考以下的例子:

"下雨了,真烦啊!"
"这个人在说些什么胡话?"
"是我的错吧……"
"我真受够了!"
"明天不想去上班!"
"想揍那家伙一顿!"
"手里的钱还能坚持到发工资那一天吗?"

自动思维也可能以印象的形式出现，比如，厌恶之人的面孔突然浮现在脑海中（视觉印象）、别人曾说过的令自己不快的话回荡在脑海中（听觉印象）、想起宠物死去时的情景不禁悲从中来（视觉印象）等。这些"印象"都可以转化成语言，然后请将它们写下来。

你不必时刻情绪稳定，更不必自责

所谓心中浮现的感受就是指人的"情绪、情感"。在面对压力源时，我们会在心中生成各种各样的情绪和情感。试着去觉察它们，并用简洁的文字给它们起一个恰当的名字。

情绪、情感作为压力反应出现，多为消极、负面的，比如，"难过""寂寞""空虚""焦虑""恶心""孤独""失落""郁闷""消沉""气愤""痛苦""崩溃""不安""恐惧"等。然而，有时消极感受和积极感受也会混杂在一起，比如，"很期待但又感到不安""开心但是很寂寞"等。

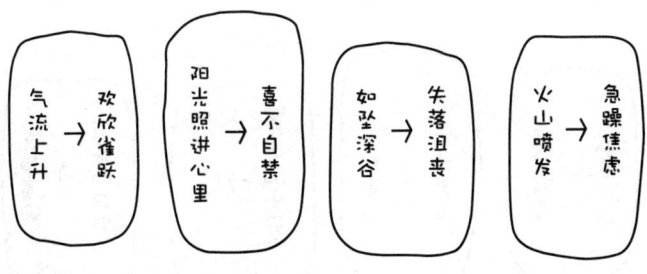

气流上升 → 欢欣雀跃　阳光照进心里 → 喜不自禁　如坠深谷 → 失落沮丧　火山喷发 → 急躁焦虑

身体的感受会真实地反映内心状态

请你也试着去感知一下身体的生理反应吧。生理上的压力反应有很多种表现形式，例如：呼吸急促、呼吸骤停、血液涌上头、心悸、心乱、头痛、起荨麻疹、发烧、肩颈僵硬、背痛、腰痛、胃痛、腹泻、腹痛、便秘、尿频、手脚颤抖、手脚冰凉、全身僵硬、浑身无力、脱发、头皮瘙痒、手脚瘙痒、视野变窄等。

我们的身体是非常诚实的，就算心灵感受不到，各种压力反应也会表现在身体上。请务必注意自己身体出现的各种变化，时刻留意压力反应并试着将其转化成语言。

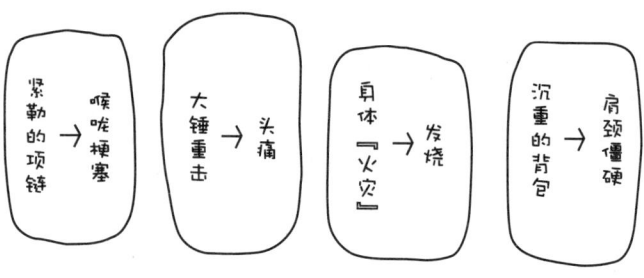

紧勒的项链 → 喉咙梗塞

大锤重击 → 头痛

身体"火灾" → 发烧

沉重的背包 → 肩颈僵硬

习惯性行为反映压力源

我们的举止、动作以及身体活动被统称为"行为"。我们的行为也会呈现出多种多样的压力反应。比如,大喊大叫、大口呼气、哭泣、嗜睡、吃甜食、握紧拳头、揪头发、挠头、把自己关在厕所里、沉迷手机游戏、看爱犬的照片等。

面对突如其来的压力源,试着感知一下自己在行为上会有怎样的压力反应,然后把它转化成你自己的语言。

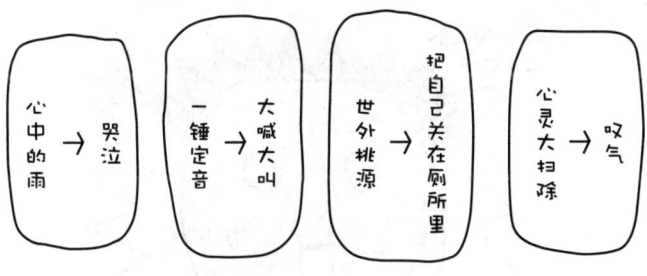

心中的雨 → 哭泣

一锤定音 → 大喊大叫

把自己关在厕所里 → 世外桃源

心灵大扫除 → 叹气

"画"解内心的痛苦

将身心的压力反应转化为语言写下来,这种形式的外化固然很有效,但其实,在日常生活中,我们没有必要拘泥于语言文字这一种形式。有些人更适合用非语言的涂鸦、绘画或图表进行表达,所以在外化压力反应时,你可以选择适合自己的方法。

认知行为疗法模型：寻找压力体验

基于认知行为疗法的模型，如果你可以做到从"认知（自动思维）""情绪、情感""生理反应""行为"这4个方面掌握自身的压力反应，那么请你试着依照下图，把压力体验一次性全部外化出来。本书的附录部分也设置有相同的图示，你可以多复印几份，便于随时进行记录。

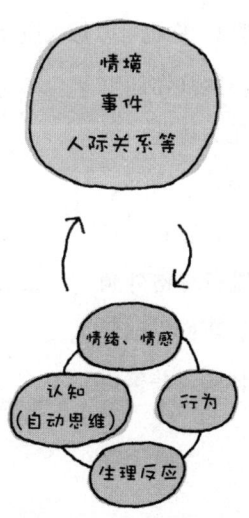

照顾自己,从觉察压力体验开始

请你经常外化压力体验,包括压力源和压力反应,使之成为一种习惯。在下班回家的地铁上、晚上刷牙后,或者第二天早晨,试着问问自己:"今天(或昨天)我经历了什么样的压力体验?"然后将当天或前一天的压力源和压力反应进行外化,无论多小的事情都要写下来。

你可以试着把这些记录在本书附录的压力日记处,哪怕一天只写一行也可以。你也可以每天填写一张基于认知行为疗法模型的图表。如果你能够做到留意每一天的压力体验,那么接下来的"专注实践"(第5、第6章)和"找寻多种应对小策略"(第7章)会进行得格外顺利并且更加高效。让我们仔细留心自己每天的压力体验,并努力将其外化吧。

第 5 章

把压力反应照单全收,你就是生活的强者

章前解说

所谓"专注于当下",就是注意到自己"于此时、在此地"的体验,然后对此体验不做任何判断或评价,只是如实地观察并接受它们。

在第3章和第4章中,我分别向大家介绍了如何觉察压力源和压力反应,并介绍了如何用语言和图片的方式将其外化。专注于这些压力体验时,无论是什么样的压力源或压力反应,我们都不要对其进行评判,只要观察它们就好,比如,"原来我的压力源是这样的啊""原来我产生了这样的压力反应啊"。

也就是说，像上图这样外化压力体验时，我们不要对外化出的内容做任何评判，只需接受它们，这便是针对压力体验进行的专注练习。

这一点说起来容易，但做起来并不简单。因为实际上很多压力源和压力反应都是非常令人不快的，而人们往往会对"不愉快"的事物心生厌恶。不要将那些会令人感到不愉快的体验定性为"坏东西"，而要顺其自然地接受它、体会它，是不是还挺难的？正因如此，本书为大家准备了各种各样的"专注练习清单"。

如果我们能通过这些练习掌握专注于当下的技巧，那么应对压力体验也就手到擒来了。因此，请你在坚持觉察并外化每天的压力源和压力反应（第3、第4章）的同时，先试着做一下第5、第6章中所列的各项练习，也可以选择适合自己的2~3个练习去做，一定要每天坚持。

待你充分掌握这些技巧之后，请试着每天都关注你的压力体验。当你能做到这一步时，你就能避免被压力体验困住，就能站在一定距离之外观察，并沉着冷静地应对它们。届时，你的痛苦标尺的数值将会大幅降低，而幸福标尺的数值将会有所提高。

正如我刚刚所说，所谓专注于当下，就是觉察自己"于此时、在此地"的体验，不做评判，而是如实地观察、接受。

接下来，我将介绍很多相关的练习技巧，但最重要的一点是，对于那些作为专注对象的体验（比如下文将要介绍的"葡萄干练习"等），我们要做到"适度地集中注意力"。

"适度"是这项练习的关键，你无须非"高度集中注意力"不可。我们的意识往往会中断、会溜走，即便勉强集中心神，意识也经常会飞到别处，或者思考起别的事情。总之，注意力高度集中的状态是很难持续的。因此，集中注意力虽然重要，但当你意识到自己开始走神的时候，请你转变之前想要高度集中注意力的想法，认识到"哦对，我只要适度集中注意力就好了"，然后让意识重新回到专注对象上。事实上，注意力中断后，觉察并拉回中断的注意力，这一点本身就很重要。所谓"适度集中注意力"就是这个意思。

另外，在练习中我们会持续关注自身的体验，我先解释一下进行专注练习时的"视线"问题。请大家尽量保持好奇心与兴趣，用温暖的视线观察自己的身心感受。"哦，原来我现在的感觉是这样的呀。""哇，身体出现了这样的感觉，真是有趣。"希望你能怀着盎然的兴趣，温暖地、柔和地接纳一个又一个不同的体验。这是非常重要的，请大家务必牢记。

在第 5 章中，我将介绍 10 种专注于当下的练习技巧，它们都以认知行为疗法模型中的行为、生理反应为重点。无论你选择哪一种技巧,都要在练习的同时,密切关注当时身体的感觉并接受它,特别是五感(视觉、听觉、触觉、嗅觉、味觉)。请你适度地集中注意力,实实在在地做出行动。练习时间可以是1分钟、2分钟,也可以是5分钟、10分钟。总之先试一试,看看是什么样的感觉。练习时完全没有必要在意自己"做得好不好""做得对不对",只要先试着做就可以了。

"实况转播"目之所见

这是一种调动视觉（看）的技巧。请你环顾四周，将此刻目之所见"实况转播"出来。

- 我能看到天空，天空是湛蓝的。我能看到云彩，云彩是雪白的。那边的云活像一条鱼。我能看到对面有一座很高大的建筑物，是一栋大楼吧。旁边的建筑物看着像公寓。我能看到电线杆，也能看到电线。道路延伸着，一直通向远方。
- 有人牵着小狗散步。有人坐着轮椅移动，哦，还是电动轮椅。我看到了一间民房，院子里似乎有一棵大树，门口长着花花草草。刚才有一只野猫从我眼前闪了过去——是只黑猫。

如果你在室内，你也可以环视房间里的环境，将你所看到的东西进行"实况转播"。

视线下落，感受呼吸

视线下落，闭上双眼，把注意力集中在自己的呼吸上，觉察你全部的感受。考虑这些问题：

- 当你吸气时，空气从哪里（鼻子还是嘴巴）进入了哪里（胸腔还是腹部）？
- 空气是如何在你的体内循环流动的？
- 呼气时气体从哪里到了哪里？
- 每次呼吸会间隔多久？
  …………

将注意力集中到呼吸器官和整个身体上，持续关注自己的呼吸。如果在练习中途，意识从呼吸上溜走了，请你觉察到这一点，并把意识重新带回到呼吸上来。

用手抚摸美妙的"世界"

这是一项调动手指的触觉来减轻压力体验的技巧。

请你主动触摸手感舒服的物品,感受那种舒适的手感:软绵绵、毛茸茸、滑溜溜、凉飕飕……

你可以触摸任何物品:毛毯、毛巾、手帕、丝巾、小狗、小猫、布偶等。此外你还可以触摸桌面、手机屏幕,触摸自己的身体,触摸塑料瓶、玻璃、纸张。请你用手掌抚摸各种各样的物体,感受它们各具特色的触感。

用手触摸柔软的物品

"葡萄干练习"

在专注饮食方面,有一个很有名的练习方法叫作"葡萄干练习":

- 拿起一粒葡萄干,端详(视觉),闻闻气味(嗅觉),用手捏一捏(触觉),放入口中用舌头和牙齿舔舐摩擦(触觉和味觉),感受唾液的分泌。
- 在嘴里咀嚼葡萄干,感受它酸酸甜甜的味道(味觉),一边嚼一边感受鼻腔捕捉到的气味(嗅觉),用舌头探索被嚼碎的葡萄干是什么味道、什么形状的(味觉和触觉),将它们咽下,用喉咙感受吞下去时的感觉(味觉和触觉)。
- 咽下去之后,鼻子闻到的气味会有所变化,请你仔细感受这些气味(嗅觉),或细细体会口中残留的余味(味觉和嗅觉)。

运用我们的五感来认真细致地品尝一粒小小的葡萄干（或其他食物），这便是"饮食专注练习"。请你以日常食物，如面包、水果、巧克力、糖果、咖啡、茶、水、红酒等为练习对象，尝上一口，然后试着做一下饮食专注练习吧。

将一粒葡萄干拿在手上端详

调动五感享受沐浴

平日泡澡或淋浴时,我们也可以进行专注于当下的练习:

- 脱掉衣服时身体的感觉。
- 脚踩在防滑垫上的感觉。
- 温热的水打在身上的感觉。
- 闻到洗发水和沐浴露的清香。
- 洗头时的触感。
- 听到淋浴的水声。
- 搓洗身体时抓着搓澡巾时的感觉和自己身体的感觉。
- 身体浸入热水时不由自主地发出舒适的感叹声。
- 轻轻拨弄热水时的声音和感觉。
- 擦干身体时毛巾的触感与气味。

沐浴时,身体会产生各种各样的感觉。请你细致地感受、体会每一种感觉,并接受它们。

专注于行走，不刷手机、不胡思乱想

不管在家还是出门，我们每天都会走来走去。即便是坐车出行，你也总得走到停车的位置再上车。行走也能成为专注于当下的练习对象。

当你独自在家踱步时，试着把脚步放得非常非常慢。在缓慢行走的过程中，体会脚底的感觉和身体重心的位置，体会迈步时下半身的感觉、脚掌踩在地板上时的感觉、迈步时重心不稳的感觉……请你一边行走，一边把全部的意识放到行走上来。

或者，当你外出时，如去超市、去车站、去电影院，请你按照自己的步调，一边走一边将意识集中在行走上。平时我们走路时会想事情、看手机、和别人聊天等，几乎不会把注意力放在行走上。而进行行走专注练习时，请你不要刻意思考事情，更不要玩手机，仅仅感受行走本身。这个技巧也能应用在上下楼的时候。

专注于聆听环境中的各种声音

我们也可以使用耳朵（听觉）来进行倾听专注练习。

其实，从早到晚，我们的周围充满了各种各样的声音，只要仔细聆听，这些声音就会一股脑地涌入耳中：

空调的声音、加湿器的声音、冰箱的声音、拧开水嘴后的流水声、电视的声音、手机的声音、敲键盘的声音、风吹的声音、空调外机的声音、晾晒的衣物被风吹动的声音、邻居家传来的说话声、楼上的走路声、汽车的声音、救护车驶来的声音、巡逻车的警笛声、便利店里传来的音乐声、网球场传来的击球声、中学生打篮球的声音、人们的说话声、婴儿的哭声、车站的广播声、鸟鸣声、虫鸣声、自己或他人的脚步声……

请你集中注意力，侧耳倾听，认真感受你所听到的各种声音。

侧耳倾听各种声音

未被疗愈的创伤，会藏在身体的哪些部位

想象自己的身体正在被扫描，这项练习最好是躺在床上、沙发上或地板上进行。在医院做过CT扫描检查的人应该对此有所了解，在"身体扫描练习"中，请你想象将自己的身体从头顶到脚尖，划分成一个个薄薄的横断面，觉察每个横断面的身体的感觉，不管你的感觉是沉重还是舒畅，痛感轻微还是强烈，瘙痒还是酥麻，等等，都请你感知并接受它们。

想象自己在做CT扫描

你可以在晚上睡觉时做这个练习，也可以在早上醒来时做，每次大约5分钟。你也可以选择不做"身体扫描练习"，而是用双手轻抚全身。一边体会手掌和手指触摸的感觉，一边体会每一处身体部位被抚摸过的感受。

闻闻喜欢和不喜欢的气味

你喜欢什么样的气味呢?在调动嗅觉进行气味专注练习时,首先让你的鼻子充分吸入你喜欢的味道,任何东西的气味都可以。

花朵、水果、香氛、洗衣液、肥皂、洗发露、沐浴露、咖啡、抹茶、红茶、红酒、果汁、烹饪用的各种食材、香辛料、做好的饭菜、甜点、巧克力、孩子头发的气味、面包店的面包味……

请你一边想着"啊,好香的味道",一边感受那些气味吧!

熟练了之后,下次就试着大胆地去闻那些你不太喜欢的气味吧。专注于当下原本就是要舍弃对专注对象的喜恶、好坏的评判,平等地关注各种不同的刺激。因此,我们要不加判断、开放性地面对各种不太喜欢的味道。这一点是很重要的,请大家一定要试着挑战自己。而且对我自己而言,多亏了这个练习,我才接受了臭鱼干的气味。你们知道吗,它的味道真的很臭!

感受你喜欢的和不喜欢的气味

接纳压力反应，就能减轻不适感

如果你已经针对生理反应（五感）和行为进行了专注练习，那么我想，在日后的生活中，你应该也能够做到去充分觉察那些作为压力反应的生理反应和行为，并不加评判地接纳它们。"啊，我的心刚刚怦怦直跳""呀，我刚刚说话的声音有点大了"，等等，请你自然地接受这些反应。如果你能做到这一点，那么就算是身体的痛楚，也能成为你的专注练习对象。当然，专注练习并不适用于那些需要立即治疗的急性身体疼痛，如果你有类似的情况，请你马上去做相应的处理。

至此，我一共介绍了10种与行为和生理反应（五感）有关的专注练习技巧。全部练习这些技巧的话可能会有些吃力，因此你可以只选择1~2个技巧，坚持每天练起来。等形成习惯，再逐渐增加别的技巧。当专注成为你的日常习惯，你会不可思议地发现，你每天的生活是那么丰富多彩。你会开始珍惜每一次呼吸，即便只是走在路上，都会激发你生动鲜活的五感，就连每日的家务琐事也会让你感到新鲜。

第 6 章

放松心态的秘诀：
多说"到此为止"

章前解说

在第5章中,我们重点关注了认知行为疗法模型中的"生理反应"和"行为",并介绍了练习专注的技巧。在本章节中,我们将聚焦于"认知(自动思维)"和"情绪、情感",向大家介绍10个技巧。

每天,各种各样的自动思维和画面在我们的脑海中不断浮现又消失。或是同一种自动思维和感觉反复出现,循环往复,常常令人深陷其中。这种现象便是所谓的"思维反刍"或"反复性思维"。这些时候出现的情绪、情感也是多样的,有时是"快乐""惬意""悠然"这样的积极情绪,但有时也会是"气愤""不安""焦急""消沉"等负面情绪。我们每天都活在这样的自动思维以及情绪、情感之中。请不要去质疑它们,坦然地融入其中,继续过你的生活。

然而,在进行本章的练习时,我们要保持一定的距离来观察自己的思维、印象和感情。对于自然浮现的想法和感情,不必判断其好与坏,即使在面对消极想法和情感时,也不要因其负面的因素就予以否定,我们需要如实地觉察并接纳自己的所思所感。另一方面,没有哪一种想法和情感可以永存,总会有烟消雾散的时刻。来者不拒,去者勿留。你无须执念于心,只需觉察自身的想法和情感,任由其留存或消散。

顺便说一句,在这10个技巧中,无论选择其中哪一个进行练习,在最开始的时候,人们总是持怀疑的态度。

"这样做就可以了吗?"
"我做得规范不规范?"
"这种练习有什么效果?"
…………

其实这些也是自动思维。因此，即使产生了这样的自动思维，也不要被其裹挟，更不要深陷其中，要坦然接受，并按照各个技巧中提到的方法处理好它们。

此外，和专注于某种行为不同，本章介绍的 10 个技巧是需要"内化"的，所以对注意力的要求更高。在进行技巧练习时，必须确保注意力的持续集中，但维持注意力的高度集中并非易事，因为"走神"对于我们来说太正常不过了。因此，在练习过程中，重要的是你要觉察到自己的注意力出现了中断或转移，然后让意识重新回到原本的练习上。

出现走神的情况 → 发现自己走神 → 让意识回归练习

在这样不断重复的过程中，专注于练习的时长必定会增加，所以让我们保持轻松愉快的心情，坚持下去吧。

我刚刚在想什么

请你给自己的每一个自动思维都加上"我刚刚在想"这个前缀。比如:

"我刚刚在想,我真受不了了!"
"我刚刚在想,那个人真过分!"
"我刚刚在想,活着真累啊!"
"我刚刚在想,今天中午吃什么好啊?"
"我刚刚在想,我好喜欢那个明星呀!"
…………

每当脑海中有自动思维闪过,都要给它们加上一句"我刚刚在想"。

通过这样做,你可以明确,思维就只是思维,是头脑中的想法,而不是实际存在的事。另外,增添"我刚刚在想"这个前缀,也抑制了自动思维连续不断浮现的情况。如果掠过脑海的不是言语性思维，而是某种印象（画面或声音），你可以试着用"我刚刚看到了××画面""我刚刚听到了××声音"来代替"我刚刚在想……"。

我现在感觉怎么样

在这个技巧中,你需要给所有的情绪、情感逐一加上"我感到"这一前缀。在觉察自动思维时,我们使用"我刚刚在想"这种过去的时态,但是在觉察情绪、情感方面,用现在时的"我感到"似乎更为合适,所以我们选择使用现在时。比如:

"我感到生气。"
"我感到不安。"
"我感到快乐。"
"我感到喜悦。"
"我感到寂寞。"
"我感到担心。"
"我感到失落。"

情绪、情感越是强烈,我们越容易为其所困。所以请你给每一个情绪或情感都认真地起个名字,即便是负面感受也不要否定,用"我感到……"妥善处理好它们。

让纷乱的想法被看见

不要让"我刚刚在想……""我感到……"只是停留在脑海之中,将它们写出来,即不断将其外化,这也是一种帮你专注于压力体验的有效技巧。

你可以写在便笺纸或A4纸上面,或者准备一个专门的笔记本,也可以记录到手机或电脑上。你还可以专门申请一个新的社交账号,将其设为仅自己可见,然后将所思所感发布在社交平台上。实际上,我就是这么做的。

让"树叶"漂流

针对自动思维,有一个非常有名的专注技巧。首先让我们想象如下的场景:

在你的眼前,一条小河缓缓流淌。你坐在河滩上,凝望着流淌的河水。顺着河流,一枚、两枚、三枚……片片树叶漂流而去。

在脑海里想象这个树叶随流水漂走的场景时,稍稍感知一下你的自动思维。抓住在那一刻浮现的自动思维,想象将它们放到树叶上。这些承载着自动思维的树叶,会顺着河流很快消失在视线中。你唯一需要做的,就是在头脑中想象这个场景的同时,捕捉不断涌现的自动思维(也包括无意识的印象),然后一个个将其放到树叶上。河流永无止息,承载着自动思维的树叶也不断地随波漂流而去。请试试看吧!或许闭上双眼想象起来会更容易。

- "今天吃什么好呢？"→【放到树叶上】
- "听说明天有雨，真糟心！"→【放到树叶上】
- 想起了所爱之人的面庞→【放到树叶上】
- 想到厌恶的同事的嘴脸→【放到树叶上】
- "为什么总想到那家伙的脸？"

  →【放到树叶上】
- "这个技巧好无聊啊！"→【放到树叶上】
- "啊，糟了，犯困了。"→【放到树叶上】

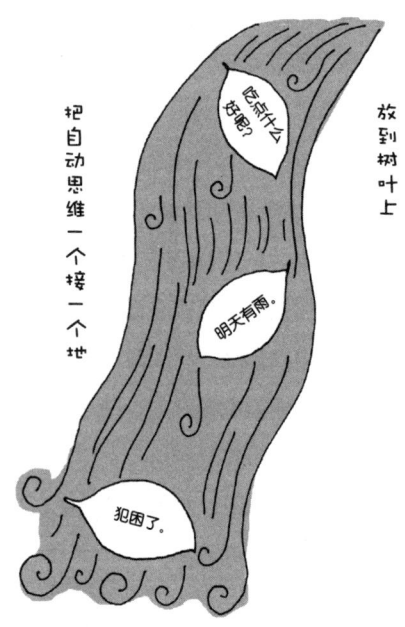

吹散"蒲公英"

自动思维和情绪、情感总会不断地浮现在我们的头脑和心里。我们可以将其视为"蒲公英的绒毛",无须说话,只要温柔地轻轻吹气,一切便都飞散了。各种各样的自动思维和情绪、情感都会化作蒲公英的绒毛飘散到空中,不一会儿便消失得无影无踪。

或者你也可以想象出一幅轻吹肥皂泡的场景。在这一场景中,各种各样的自动思维和情绪、情感变成了大小不一的肥皂泡,它们在空中闪着光亮翩翩飞舞,慢慢地越飞越高,一会儿便没了踪影。

将自动思维和情绪、情感吹向远方

让心灵"怀孕"

或许有时,突然袭来的强烈的情感会令我们感到恐慌,甚至失声尖叫。对于此时的情感,我们一般会认为其来自外部,或者爆发自体内。

如果将情感看作是"袭来的""爆发的",不免让人感到恐怖。然而,实际上情感波动非但没有那么可怕,而且还是一种极其重要的现象,它可以告知我们自己的心理状态。所以,要避免将情感视为"袭来的""爆发的"东西,而是把它当作自己内在的东西,比如想象成"在自己的腹中的孩子",然后为其取个名字,觉察并接受它们。比如:

"××在开心地笑。"

"我肚子里的××好像有点生气啦,怎么回事呢?"

"我肚子里的××好像很悲伤,这是为什么呢?"

"我肚子里的××好像很寂寞,没事吧?"

封上坏情绪的"坛子"

请想象出一个大坛子,然后,把这个坛子常置于你的身旁。一旦自动思维和情绪、情感涌现,就把它们全部倾泻到坛子中。

如果你想象不出来,那么可以在互联网上输入并检索"坛子"一词,便会出现很多坛子的图片,下载你喜欢的图片,然后看着图想象它。

由于想象出来的坛子"容量"极大,所以无论你注入多少自动思维和情绪、情感,都可以完全装下。如果你心中的坛子已经盈满,那就令坛中之物归海入川,将坛子荡涤一空吧!

不断把讨厌的情绪和情感倾泻进坛子

冲掉情绪的"大便"

在本技巧中,我们可以把自动思维和情绪、情感视为"大便",只要按压水阀或将手置于冲水感应器前,就可以唰地一下将其冲走。

当你遇到自己格外介意且特别重大的压力源时,自动思维和情绪、情感接踵而至,来不及将它们一个个置于树叶上,这时,你可以把这些自动思维和情绪、情感想作"厕所中的粪便",然后按压阀门或将手置于冲水感应器前,想象它们被马桶痛快地冲走。飞机或者高铁上的马桶冲力大,非常适合用来想象。

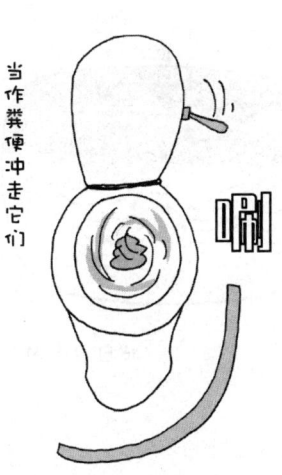

眺望心海的波浪

我很喜欢大海,看多久都不厌烦。钟情观海的人可以把自己的内心当作大海,把各种各样的情绪和情感当作波浪,试着去感受它们。波浪时大时小,有时是狂风巨浪,有时是细波涟漪。翻起的浪花虽有万般姿态,但都生发于大海之上。海浪无论大小,翻涌过后都必将消失,归入大海。就这样想象自己站在海边,不断地眺望、感受吧。

把自己的内心看作大海与波浪

停止胡思乱想，才能回归宁静

我们针对认知（自动思维）和情绪、情感进行专注练习，最大的目标便是觉察、体会以及接纳这两种压力反应。认知（自动思维）和情绪、情感引起压力反应时，它们基本都是消极因素，但我们不要否定这些消极的想法和情感，不厌恶、不抵触，只需想着"我有消极想法了。到此为止！（干脆利落地）""我有消极情绪了。到此为止！（干脆利落地）"

然后接受它们。这需要进行一些练习，只要你持之以恒，就一定可以掌握该方法。加油吧！

在本章中，我们针对认知行为疗法模型中的"认知（自动思维）"和"情绪、情感"，向大家介绍了10种专注于当下的技巧。请大家从中选取1~2个技巧，在日常生活中坚持练习。

我在前文也提到过，这些都是非常质朴的方法，一次练习可能无法带来突飞猛进的成效。只有每天踏踏实实地做，才会慢慢显现出效果。所以，坚持是非常重要的。请你务必相信我的话，耐心地坚持每天练习吧！

第 7 章

每一种压力都有疏解的办法

章前解说

所谓"应对"是指,面对压力源或压力反应时,为了帮助自己而采取的某种对策或努力。为了与日常生活中的压力友好相处,我们应该事先准备好各种各样的应对策略,即使是简单的策略,在关键时刻也能派上大用场。根据各类压力源或压力反应,试着选择合适的策略去应对,并验证其效果。

如果某种策略行之有效,我们就能知道这种应对方式可以用来对付哪类压力源;如果收效甚微,我们就能知道这种应对方式对某一类压力反应基本没有用,然后下次再试试其他应对方式。不要仅尝试一次后发现没用就把该方法抛之脑后,可以把它们收集起来,留待下次再尝试,总有一天能够派上用场。在第7章中,我将为大家介绍10个技巧,帮助大家在日常生活中多收集那些不起眼但好用的应对策略。

用平静治愈烦躁

其实,本书已经介绍了相当多的应对策略。在第 1 章里介绍过的以下所有方法,效果都是立竿见影的。虽说介绍这些技巧的初衷是帮助大家在内心极其痛苦的时候平静下来,但即使痛苦没有那么强烈,只要有压力源或压力反应袭来,这些方法都能够很好地帮到你。

第 1 章中介绍的 10 个技巧:

- 太痛苦时就说出来吧
- 最低成本的安慰,一个动作就够了
- 给身体来点"刺激"
- 感到疲惫时,练习"向下发力"
- 烦到什么都不想做,不如裹进毯子里睡一觉
- 先放松肌肉,才能放松情绪
- 把大口呼气培养成习惯
- 做些无聊的事也很有用

- 用力拥抱
- 换个环境,更容易走出痛苦

寻求帮助是技巧,更是能力

本书第 2 章介绍的与他人建立联系的 10 个方法,其实也是应对压力非常重要的策略。一个人形单影只时,即使内心想要自己帮助自己,结果往往也会适得其反,加重身心的疲惫感。若我们能得到别人的帮助,那求助必然是更好的选择。不要自己一个人左右纠结,而要考虑向外求助并付诸行动。当然,即便现在难以立刻向别人求助,也建议你收集关于求助方法的信息,或者至少明白这个世界上一定存在着能够帮到你的人。因此,请把第 2 章中介绍的内容也作为应对压力的策略,加以充分运用吧。

第 2 章中介绍的内容:

- 爱自己才要被他人爱
- 身边总有人能治愈自己
- 想象和自己崇拜的人在一起
- 想象被自己喜欢的事物包围着

- 只会等待救援，结果可能孤立无援
- 做心理咨询并不代表"我不好"
- 寻求帮助，你需要"行动力"
- 怕线下尴尬，就建立线上"倾诉空间"
- 划清社交"红线"，在安全的环境里表达脆弱
- 需要他人并不代表"我软弱"

觉察是一生相伴的内在旅程

第4章中介绍的"觉察"相关内容,也是非常有效的应对方式。请你务必使用附录里的小工具,在日常生活中不断外化各种压力源和压力反应。

专注于宁静，就能走出纷扰

本书第 5、第 6 章中介绍的专注技巧也不例外，只要坚持下去，这些技巧就能成为你应对压力的强大工具。第 5 章的 10 个专注于当下的技巧能帮助你通过生理反应和行为来觉察自己的身体感受，尤其是在五感方面；而第 6 章的 10 个专注技巧则能帮助你不被认知（自动思维）和情绪、感情所困，如实地觉察它们。

没有必要 20 个技巧全做，你只要在每天想起来的时候，每章挑 2 到 3 个练习即可，坚持下去就会逐渐看到效果。请大家务必将专注作为压力应对的一环，坚持练习下去。

综上，可以确定一点：到目前为止，本书提到的所有技巧都可以帮你应对压力。请大家坚持使用这些方法。

你对自己说什么,就会发生什么

对于时常浮现在脑海中的令人痛苦的自动思维,我想大家已经能够做到马上觉察并将其外化。

假如这个自动思维让你痛苦难过、意志消沉,那么你不只是要单纯地接受它、放下它,还要让身体里的另一个自己对此发表意见、与你进行对话,之后产生新的想法。这么做也能够帮助你摆脱消极自动思维带来的痛苦。这种做法叫作"认知应对"。

例如,当你出现"我已经不行了"的自动思维时,该怎么办呢?对此,另一个自己(帮助自己的自己)会怎么说呢?他不可能说:"是啊,你已经不行了。"他会说:

"当你这么想的时候,一定很痛苦吧。"
"你为什么会觉得自己不行了呢?"
"要不要试着找一找你能行的地方?"
"你听到什么样的话会稍微舒服一些呢?"

"你希望我说点什么呢?"

请你参考上述语句,写下一些安慰自己、支持自己的话语吧。比如:

> 当"我已经不行了"这种自动思维出现时,你一定很痛苦吧。可是,你没有必要完全接受这种自动思维。你已经很努力了。即使有时不顺利,你努力的价值也不会因此而减少。一定有人在关注着你。试着让自己放轻松,不要灰心泄气,继续坚持下去吧。

写在卡片上也好,输入手机里也罢,请你一定要把这段文字随身携带。当你感觉痛苦时,就对着自己大声地把它念出来吧。

让另一个自己同自己对话

别太用力,适可而止

提前寻找能让自己散心的各种活动,这一点也十分重要。也许有人会觉得消遣"毫无意义""只是在逃避问题",但其实,你可以通过消遣让心灵变得愉悦,然后再去解决问题。参考下面的例子,把你想到的、能够让你开心的消遣行为进行外化吧。例如:

剪指甲、做美甲、散步、和宠物玩、去动物园、去宠物店、去公共浴室、在家里洗澡、擦桌子、弹钢琴、弹尤克里里、去KTV唱歌、慢跑、伸展筋骨、去按摩、和别人聊天、品尝甜点、吃掉一整包薯片、画素描画、随意涂写、梳妆打扮、睡觉、看电视、上网、使用微信、喝可乐、出门旅行、搜索旅行资讯、看喜欢的艺人的微博动态、看漫画、读书、作诗、拍照、吃拉面、做饭、打扫卫生间、唱歌、购物、拍打靠垫……

先解决问题，再处理情绪

找出生活或工作中存在的具体问题并将其解决，也是一种重要的自救式应对方式。解决问题的关键在于将一个问题尽量细分成许多小问题，再一个一个地加以解决。比方说，假如你发现家里一片狼藉，不要想着一口气做个大扫除，把家里整理得干干净净的，而是要细分问题，比如：今天先只打扫厨房水槽，晚上只整理这一个抽屉等，将自己力所能及的事情认真做好就已经成功了一半。

减肥也是同理，不要采取节食等过激的减肥方法，而要制定一些切实可行的具体方案，比如：零食减半，下班后试着走一站路等。同样，在人际关系中，我们也无法做到一蹴而就，因此，"向态度冷淡的女儿说声早安""和厌恶的同事说话时尽量不移开视线""被讨厌的上司强行安排了讨厌的工作时，至少试着问一句'非得我来做吗？'"等等，请你寻找各种在你能力范围内能处理的自救小课题，并付诸行动吧。

早上起床后拉开窗帘!

寻找久违的松弛感

我们的身体和心灵经常会因为压力反应而处于紧张状态。因此，缓解身心的紧张感，也是一种有效应对压力的办法。请大家试着采取一些"能让自己感到放松的行动"吧。

在这里，我要提的最重要的一点是：不要要求自己立刻进入彻底的放松。所谓放松，指通过坚持实践"能让自己感到放松的行为"而最终获得的一种状态。所以不要追求立竿见影的效果，坚持行动才是王道。请你参考以下做法，耐心地坚持下去吧。

- 呼吸放松法：轻而缓慢地呼气→用鼻子吸气，如此反复。
- 保持仰卧，将身体重心放在背上。
- 轻嗅芳香（薰衣草、佛手柑等）。
- 闭上双眼，沉浸于让你感到放松的想象（森林、海边等）中。

- 慢慢品尝热乎乎的饮料。

....

沉浸于能够让你放松的想象

第1章中介绍的轻拍身体、用毛毯等包裹自己等方法也能够起到放松的作用。另外，坚持练习运用行为或身体五感的专注技巧也能够帮助你放松身心。

把喜爱的事物放在身边

所谓"吾之所喜",是指一些存在于我们身边的,我们只要看到它们就会感到治愈、安心、愉悦、放松的事物。

就个人来讲,我喜欢看身边的小猫、小狗、鸽子、麻雀和乌鸦;我也喜欢看到不认识的小孩子洋溢着笑容的脸庞;每当我看到父母耐心地安慰哭闹的孩子,这样的画面总让我内心涌起一股暖流;由于我喜爱橙色,所以我逛街时总是热衷于寻找橙色的物品,比如毛衣、围巾、袜子、雨伞等。

你可能喜欢仰望天空。只要看到碧蓝的天,眼中的喜悦就会盈满。朵朵白云飘浮在碧空中,看着形状各异、大小不一的云朵,你会感到十分快乐。你可能喜欢凝望晚霞。每一次看到彩虹都让你身心愉悦。你可能喜欢遥望那一轮时圆时缺的皎洁明月。你可能喜欢欣赏路边的无名花草或是邻居家庭院里绽放的花朵。在手机上看到可爱的小动物视频也能让你开心不已……只要有心,就能够在身边发现各种各样、许许多多的"吾之所喜"。

看到怒放的花朵,感到身心安适

建立压力应对策略库

将个人所拥有的所有应对技能汇总起来,建一个"压力应对策略库"。应对策略库越庞大,就越能够成为我们的助力。请大家去搜寻各种各样的应对策略,哪怕是简单质朴的小策略也好,以备不时之需。

请你在附录的应对策略库上将自己应对压力的各种方式全部外化(写出来)吧。然后将这个宝库随身携带,一旦感觉压力来临,就采取相应的策略,并验证其效果。假如这一策略收效甚微,甚至适得其反,那么你只要再尝试其他策略即可。另外,当你发现了新的应对技巧,要立刻将其补充到你的策略库中,你的应对策略库就会越来越丰富。

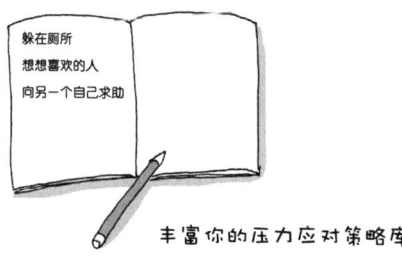

丰富你的压力应对策略库

关于图式疗法

在进入第8章之前,我先来简单介绍一下"图式疗法",因为在本书的最后几章(第8～第10章)中有一些技巧是关于图式疗法的。"图式"是一个心理学术语。截至目前,在认知(大脑中的现象)方面,我们一直主要着眼于自动思维(每一个瞬间脑海中掠过的想法或印象),也做了很多具体的相关练习。那么,图式又是什么意思呢?请看下一页的图画。图式是比自动思维更深层次的持续认知。一个人的"深层思维""自我原则""自我印象""对世界或他人的印象""信念"等都属于图式。我们的自动思维就是以图式为基础的。例如,一个具有"世界和他人十分安全,可以安心"的心理图式的人,和一个具有"世界和他人都很危险,必须警惕"的心理图式的人,当他们被陌生人搭话时,其反应一定大相径庭。前者可能会产生"他是个什么样的人呢?"的自动思维,对搭话方产生兴趣,而后者则很可能会产生"糟了,他是不是要对我做什么?"的自动思维,从而心中警铃大作。无独有偶,一个认为"自己很有能力"的人,和一个认为"自己很无能,总是失败"的人,在犯一些小错误时的反应也全然不同。前者大概会说"哎呀,偶尔我也会失误嘛,下次注意点就好了",而后者估计会说"唉,我就知道,我什么也干不成"。

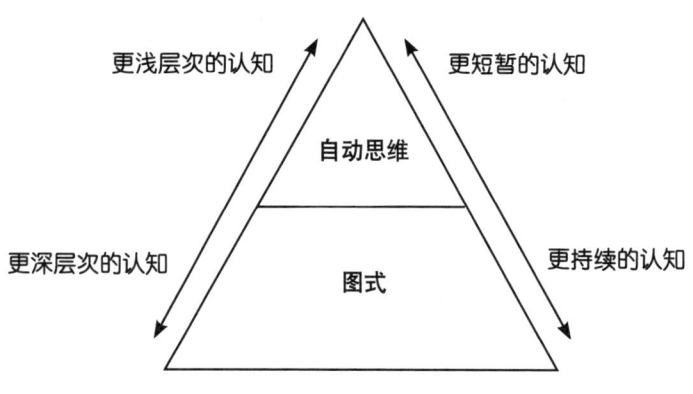

自动思维与图式的关系

图式疗法的第一步:注意并理解自身现有的图式。特别是那些让自己感到痛苦的图式,不仅要关注该图式的内容,还要一并关注其起源,即该图式是如何形成的。

图式主要源于童年时期或青春期的成长环境或人际关系等。

- 你在什么样的环境中成长,其间接受了什么样的文化教育?

- 抚养者（主要为父母）以何种方式养育你，向你传递了什么样的信息？
- 抚养者是否爱你？
- 你有没有被抚养你的人的言语伤害过？
- 你和兄弟姐妹的关系如何？
- 你与祖父母、外祖父母的关系如何？
- 你的学校生活是什么样的？
- 你遇到的老师怎么样？
- 你和同学们的关系如何？
- 你学习如何？
- 你平时喜欢玩什么？
- 你有没有参加社团活动？
- 你有没有遭到过校园霸凌？
- 当你遭遇霸凌等令你感到痛苦的事件之时，有没有人帮助过你？

诸如此类，各种各样的因素，都可能成为那些图式的起源。

在接下来的第8章中，我们将通过一些练习来深入理解这些图示。正如本书一贯强调的，理解是重中之重。

认知行为疗法这一心理疗法是目前为止本书介绍的所

有练习技巧的理论基础，而图式疗法则是由认知行为疗法的理论方法发展而来的。自接触图式疗法以来，我自己也亲身实践了各种各样的技巧，且至今仍在坚持。其成果就是，我能够更加深刻地、具体地理解那些之前自己看不清、道不明的痛苦了。虽然花费了很长的时间，但我逐渐放下并克服了这些痛苦。进而，我与自身的"内在小孩"建立了联系，开始优先满足自身"内在小孩"的需求，通过各种想法和行动让这个小孩获得快乐和幸福。之后介绍的各种技巧，完成起来可能没有前面的技巧那么容易。而且，练习过程或许会多多少少伴随心灵的痛楚，因此你完全不需要勉强自己。只是，如果能力允许，这些技巧绝对值得你倾注时间。也许仅凭本书第1~第7章的技巧，你就完全能够帮助自己了，但是，关于最后三章（第8~第10章），如果你想去尝试，想要理解自己的苦痛并从中解脱，想要让自己更加幸福，那么，建议你勇敢地挑战这些技巧，将其作为阅读本书的"收尾工作"或"高潮"。

第 8 章

你为什么而痛苦

章前解说

人生存在这样一种"痛苦",你能够感受到却难以言喻。在第8章,我们将具体阐明这种痛苦的根源与本质。其实,仅仅弄清这种莫名痛苦的根源与本质,就能极大地改善你的心情。这是因为,对于未知的事物,就算我们无法与之相抗,也无法与之和谐相处,但只要我们洞悉其本质,就能找到克敌之策或共生之法。

在本章中,我们首先要理解痛苦发生的根源,然后基于图式疗法的理念,弄清楚目前自己身上到底存在着哪些痛苦。

你未被满足的情感需求有哪些

"儿童的情感需求"指的是儿童在成长过程中需要被满足的心理欲求。需求得不到满足是个人在成年后常觉得痛苦的根源之一。

儿童情感需求具体包括以下5种:

- 渴望获得安全感、关爱、理解和保护,想要信任自己和他人。
- 希望充满自信,相信自己凡事都能做好,希望自己变得坚强,挑战各种各样的事情。
- 重视自己的情感、需求和想法,也希望自己的需求得到别人的重视。
- 希望过上无忧无虑的快乐生活。
- 想要遵守规则、人人平等,重视自己和他人的权利。

图式疗法认为,只有这些情感需求在儿童时期得到了充分的满足,孩子才能健康成长。换言之,得不到满足的情感需求将为儿时甚至成年后的痛苦埋下种子。在此希望大家先明白这样一个道理,即每一个儿童都有必须被满足的情感需求。

在确保安全的情况下大胆做自己

那么接下来,我们将深入探寻个人成长过程中的体验,特别是情感需求未能获得满足的体验,即"创伤体验"。这样做多少会刺痛你的内心,所以在开始之前,我们有必要确保个人身心处于安全状态。

到目前为止,在你练习过的技巧中,哪一个技巧能够助你缓解苦楚、消弭心痛呢?它可能是第1章中的某个技巧,也可能来自第2章,比如:看着你的个人支持网络,试着认识到你不是孤身一人。或者你选择了第5、第6章中的专注技巧或第7章的某个应对策略。总之,这个技巧就是你用来确保身心安全的灵丹妙药。

当我们练习接下来的技巧时,首先要确保自己的身心处于安全状态。另外,在练习完成后,应再次做一项帮自己身心处于安全状态的练习,从而形成闭环结构。即按照"确保身心处于安全状态→练习→确保身心处于安全状态"的流程进行练习。

确保身心处于安全状态的技巧

大大方方地"渴望被爱"

首先,请通过练习让身心处于安全状态。然后,再次阅读本章第1节中的"儿童的情感需求"相关内容。尝试回忆自己在童年时期或青春期时经历的创伤体验,这些体验可能会让你感到痛苦、不安、悲伤、恐惧、愁闷、沮丧……每当你回想起一个创伤体验,请试着思考一下,当时未被满足的是本章第1节中提到的哪项情感需求。例如:

• 【创伤体验】父母关系不好,经常当着我的面吵架,我在家里总是担惊受怕。

【未能满足的需求】渴望安全感,渴求无忧无虑的生活。

• 【创伤体验】母亲总是发牢骚,完全不听自己说话。

【未能满足的需求】渴望被理解,希望自己的需求得到别人的重视。

• 【创伤体验】遭遇学校霸凌,但没有人能保护我。

【未能满足的需求】渴望获得保护,希望能够信任他人,快乐地生活。

- 【创伤体验】自己笨头笨脑,一事无成,总是被别人说这不行、那不行。

【未能满足的需求】希望充满自信,相信自己凡事都能做好,想要获得快乐。

请参照上文的例子,试着将你自己的体验填入下图。填完之后,请务必通过之前章节中介绍的技巧确保个人身心处于安全状态后,再结束本次练习。

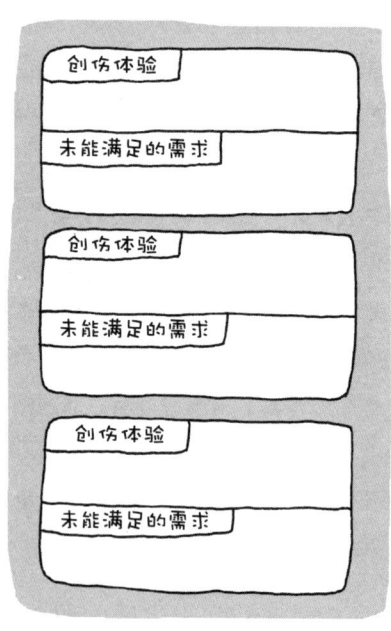

图式疗法认为，这些创伤体验与未能满足的需求是一一对应的，由此形成了让人感到痛苦的图式，即藏在内心深处的思维。

在接下来的第4节到第8节中，我将讲解图示疗法中的几种经典图式，正是它们导致了你的痛苦。你身上的图式是哪一种？它有多强烈？在面对一个个图式时，请你试着问问自己的心：我身上是否存在这种图式呢？如果存在，其程度有多强多大呢？请注意这不是要你在头脑中思考，而是叩问"心灵"，即你的感性部分，这一点非常重要。另外，还有一点要注意：在练习前后，请务必确保你的身心处于安全状态。

你被"黑洞"吞噬了吗

"不被爱""不被理解""自己不行"等图式多存在于命途多舛之人的身上,他们在人际交往中或是得不到十足的安全感,或是不断被别人否定,还有可能受到过霸凌或虐待。请你问问自己,你的心中是否也曾出现过下列话语、想法或情感,如果有的话,其百分比大约是多少,在0~100的范围内标一个数值上去吧。

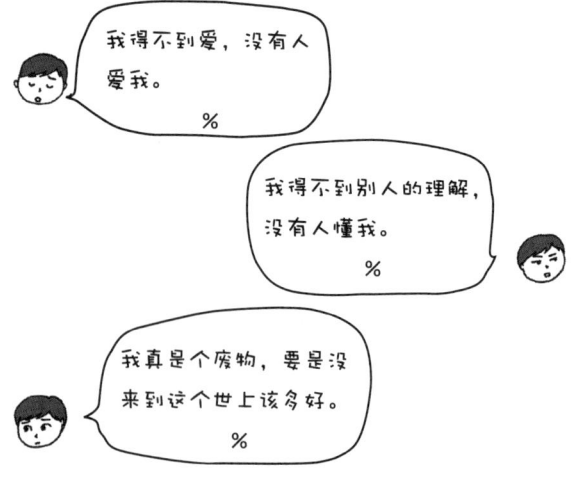

他人比风景更重要吗

"恐惧他人""不知别人意欲为何""被人抛弃"等图式也是个人在人际交往中多次受伤后的产物。在第4节中,图式的主语是"自己""我"等第一人称,但本节图式的特点却是以"别人"为主语。在上一节,如果你身上的图式表现较为强烈的话,那么本节的图式或许也深深地存在于你心中。

别人让我感到恐惧,我因他们吃尽了苦头。
％

别人会抛弃我,哪怕是现在在我身边的人,也一定会在某一天突然转身离去。
％

别人不值得信赖,我不知道他们会如何对我。
％

抛开否定，才能活得自信有力

"我很无能""束手无策""总是失败"等图式多涉及自身的能力和表现，最容易出现在缺乏自信的人身上，他们不相信自己可以把事情做好。

不用"讨好别人"消耗自己

具有"对人唯命是从""我忍着就好""讨好别人"等图式的人常表现出压抑自我的需求与想法、一味顺从或照顾他人等特点。有这种图式的人总是选择忍耐,习惯将自己的事情、情绪、感受置于他人之后。

为了不被排挤,我只能对别人唯命是从。
%

只有讨好别人才能让我感觉自己是有价值的。
%

只要我忍着,问题就会得到解决。
%

看到别人痛苦时我自己也会觉得痛苦,所以我总是在照顾别人。
%

完美是一片苍白，放轻松才会五彩斑斓

具备"必须做到最好""完美主义""不可享乐""感情不外露"这类图式的人总是斗志昂扬，凡事追求尽善尽美，他们认为活在世上容不得丝毫松懈。他们的身心时常处于紧绷的状态，不善于放松。

每个人都需要无条件的认可

拥有"希望被认可""自己必须是最棒的""想要随心所欲""特别讨厌忍耐"这一类图式的人希望获得外界的认可和夸奖,希望自己能想做什么就做什么。周围的人可能会认为其以自我为中心、盛气凌人、恣意任性。

在觉察后，无条件地接受当下的自己

至此，我们对自身可能存在的各种图式进行了解读和确认，你的结果如何呢？无论是谁，或多或少都会有一些上文展示的图式。其实，出现这些图式并不是你的错。它们成形于形形色色的人际交往中，根植于童年时期和青春期的种种创伤体验和需求未被满足的体验。

但是，在这里我希望大家能够明白，图式并不是这个世界的真相，它们只是一种被灌输进我们大脑的想法。因其藏匿于我们的内心深处，所以我们误以为图示所说的都是真的。然而实际上并非如此，它们只是你的"想法"而已。就算你深信自己是个无能之人，但你真的一无是处吗？事实绝非如此。

这些图式经常出现在你的日常生活中，带给你痛苦或各种压力反应，还有可能导致自我轻视。所以，在日常生活中，当你感到痛苦，或出现各种压力反应以及不合适的行为时，请检查此时自己的身上是不是有了图式表现。

然后,请你留意它们,比如:"现在出现的图式是'我忍着就好'。""原来是'必须做到最好'这个图式在作怪啊。"继而请你试着告诉自己,图式不是现实,它只是你的想法。只要你坚持觉察它们,就能一点点地摆脱图式的控制。

第 9 章

你的坏情绪
想告诉你什么

章前解说

在前面的章节中,我向大家介绍了导致痛苦产生的相关图式,它们就如同一种"诅咒之言"。实际上这些痛苦图式的出现并不是你的错,是形形色色的周边环境与人际关系为它们提供了恣意生长的空间。所以,责任并不在你。

但是,你可以选择是默默接受诅咒之言(即图式),还是摆脱它们、解放自我。其实,在我看来,大家完全没有必要带着诅咒之言的枷锁前行。

如果你觉察到内心的图式向你发出了诅咒之言,那就找一些能让自己摆脱诅咒、变得更加幸福、更加快乐的"希望之语"吧。在第9章,我将介绍诸多技巧助你破除诅咒之言,收获希望之语。

锁定内心的"攻击者"

首先,你需要做的是能够立刻觉察到图式发出的诅咒之言。如果通过对上一章中 10 个技巧的学习,你已经具备了在生活中留意自己的痛苦图式的能力,那么对你而言本技巧绝非难事。图式一旦被触发,就会化作诅咒之言,而你就成了被攻击的对象,此时,你万不可对其听之信之,而是要坚定地告诉自己:"刚才我的图式被激活了。这就是一种诅咒之言,我不能轻信盲从。"

比如,当你出现"我好没用啊!我这种人还不如消失的好"这种自动思维时,心情也会随之低落。你觉察到这一切之后,不要受这些自动思维和情绪、情感的裹挟,而是要坚定一个想法:"这就是图式。'我是个没用的人''我很无能'这两个图式被激活了,它们对我施加了诅咒之言!我绝不能被它们牵着鼻子走!这些只是诅咒而已!"

专注于情绪的对立面

在第6章,我们学习了应对自动思维和情绪、情感的技巧,这些技巧同样可以用在这里。如果你觉察到了来自图式的诅咒之言,请不要受其裹挟,而是把它们看作是专注于当下的练习对象,然后远远凝望,同时在脑海中想象一些画面,比如:

- 将诅咒之言逐一放到树叶上,令其随波漂流。
- 把诅咒之言当作蒲公英,用力将其吹散。
- 视诅咒之言为马桶中的大便,按压水阀冲走它们。
- 把被诅咒之言搅动得十分不安的内心想象成波涛汹涌的大海,然后静静观望……

用专注练习应对诅咒之言

转变情绪,你需要一点仪式感

把你所受的"诅咒"写在 A4 纸或便笺纸上吧。最好刻意把字写得潦草难看一些。写完后,把这张纸揉成一团,然后丢进垃圾桶。你也可以把它烧掉(当心火灾),或者把它撕成碎片丢掉。用这样的方法与你的诅咒之言告别。本技巧需要重复进行才会有效。

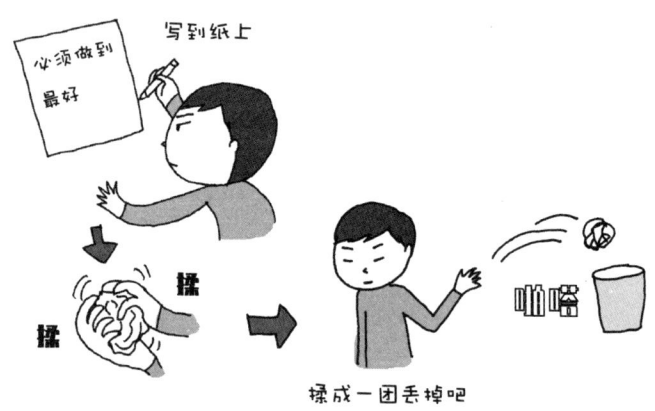

不主动屏蔽消极想法是一场灾难

正因为诅咒之言是一种诅咒,所以它每次出现都会束缚住我们。而个人只要受缚其中,诅咒之言便会带给我们一种真实之感。比如,"只要我忍着,问题就会得到解决"这一图式作为诅咒之言出现时,一旦受困其中,我们就会在不知不觉中觉得诅咒之言似乎说得很有道理,"还真是那么一回事""实际上,我一直都是这么做的""所以今后我也只能继续忍耐"。多么可怕的诅咒啊!

正因如此,我们有必要试想一下盲信诅咒之言后的生活。一直秉持"只要我忍着,问题就会得到解决"的信条生活,会给你带来什么好处呢?你真的能因此过得快乐吗?囿于诅咒之言能让今后的自己获得幸福吗?答案一定是否定的。

所以,当诅咒之言出现时,哪怕你觉得它非常真实,也请你保持清醒。让大脑认识到,只要你相信了这些诅咒之言,痛苦一定会找上门来。我们完全没有必要在诅咒之言的阴影下痛苦地活着!

反驳盘踞在心里的"诅咒"

让我们试着反驳一下盘踞于内心深处的诅咒之言吧!你的反驳一定要强而有力。比如:

在反驳"没有人懂我"时,你可以这样想:"不,不是这样的。初中时,我的好朋友××可是与我心意相通呢。今后,我也一定能遇到像他那样懂我的人。"

在反驳"我总是失败,一事无成"时,你可以这样想:"'总是失败'说得未免太夸张了!人生在世,谁都有失败的时候。但就此认为自己一无是处,这种想法真是太搞笑了。今天我倒了垃圾、洗了衣服,然后去上了班,不都做得很好吗?我可没那么失败。"

在反驳"只要我忍着,问题就会得到解决"时,你可以这样想:"这种想法难道不可笑吗?只有我一个人忍耐,这也太不公平了。或许在某些情况下忍耐是有必要的,但总要我去忍,这绝对有问题。反正我也已经忍了这么多次了,从今往后我也没必要再忍了吧。"

请你务必将这些反驳外化,你可以写在纸上,也可以记在手机上。或许起初你的反驳会有一些牵强附会或生硬笨拙,但这都没关系,毕竟,仅仅是反驳诅咒之言这一行为,本身就具有重要的意义。慢慢地,你的反驳会越来越有说服力,所以,哪怕起初有些牵强生硬,也请你养成反驳的习惯吧。

向人倾诉烦恼,本身就很强大

如果你的身边有能深度沟通、值得信赖的朋友,那么你可以试着向他们求助,向他们讲出困扰自己的诅咒之言:

"实际上,我身上有这样一种诅咒之言,每当它出现时,我都会深陷其中,并且十分痛苦。对此,你是怎么想的呢?"

"因为是诅咒之言,所以我想通过反驳来解除它,但是仅凭我一个人的力量很难办到,所以希望你能帮帮我。"

一般来说,如果对方身心健康、值得信赖,那么他很有可能帮助你摆脱或帮你驳斥诅咒之言。

想象同"战友"一起击败"诅咒者"

如果你现在找不到可以求助的人,那就请动用你的想象力吧。假设你身边出现了一个身心健康并值得信赖的人,想象一下,他会怎样帮助你反驳诅咒之言呢?

在这种情况下,你的想象对象没有必要局限于生活中认识的人或朋友,他可以是任何一个人。比如,已经过世的人(儿时疼爱自己的奶奶等)、自己尊敬的人或名人(我经常想象的对象是登山家山野井妙子)、动漫里的人物(我一定选漫画《天才傻鹏》里傻鹏的爸爸)等。

想象一个可以向自己伸出援手的人,请他把自己从诅咒之言中解救出来吧!

创造"希望之语"

通过学习前面的技巧,你大概已经想出了各种各样的反驳诅咒之言的话语——希望之语。它们会帮助你摆脱诅咒之言。当你即将被诅咒之言困住时,它们也会赋予你挣脱束缚的力量。请试着将它们总结并记录下来吧。例如:我决定今后要好好对待自己;我有权获得幸福;让心灵多些自由,无忧无虑地生活吧;我要找一个珍惜我的人,与其共度一生;我可以更加快乐,要和完美主义说拜拜;车到山前必有路,我无须担心;等等。

把"希望之语"大声念出来

在上一个技巧中,有许多"希望之语"被创造了出来,我们当然也要外化它们。但对于希望之语,我们不要只是简单地把它们记在笔记本或手机上,而要采取不同于以往的特殊方式进行外化,比如:买些漂亮的卡片,在上面认认真真地写上希望之语,然后贴上可爱的贴纸;在手机里找出一张自己喜欢的照片,在上面添加你的希望之语;等等。然后,请你将它们随身携带,每当诅咒之言出现时,立刻把希望之语掏出来,认真地念给自己听。如果可以的话,请你不要只是默读,而是试着读出声来,这样效果更明显。

成为积极快乐的"发光体"

如果你挣脱了诅咒之言的束缚,并且能够做到身携希望之语,时常念给自己听,那么接下来,是时候改变你的行为了。在行动举止中,在与人交往时,请你常怀希望之语。

比如,我们不难想象,身中"我很没用,我没资格过得幸福"这个诅咒之言的人,和心怀"我有权获得幸福"这个希望之语的人,他们在行为举止方面会截然不同。

后者(心怀希望之语的人)往往能够珍爱自己,做自己想做的事以及完整地表达自己的意见和想法。如果一个人怀着"我可以更加快乐,要和完美主义说拜拜"这一希望之语,那么他会把时间用来享受快乐和放松,而不是浪费在追求极致、追求完美上。他会以一种乐享人生的姿态,同周围的人打交道。

满怀希望之语同周围人相处

第10章

用心疗愈内在小孩

章前解说

在图式疗法中存在一个概念叫作"内在小孩"。在我们儿时,由于种种的创伤体验和需求未被满足的体验,我们心中萌生了各种各样的图式。换言之,我们的内在小孩受到了伤害,才导致了这些图式的产生。

正如前文所言,这件事的责任不在于我们自身。但正如我们学会了破除诅咒之言、获得希望之语一样,我们同样可以习得如何为自己的内在小孩疗伤,并满足其需求。第 10 章也是本书的最后一章,在这一章我将为大家介绍几种技巧,帮助各位同自身的内在小孩建立联系,照顾好他,让他感到幸福。

大多数不如意都源于内在小孩

在每个人的心里都住着一个"孩子",就算这个人已经长大成人,那也不代表"孩子"消失了。只有当他学会好好照顾这个孩子时,才叫"真正长大了"。总之,我希望你能明白,一个人无论年纪有多大,心里都住着一个内在小孩。

你的心里藏着一个内在小孩

给内在小孩起个名字

很多人在给内在小孩起名时,都会使用自己的名字或名字的一部分。比如,"绘美"是我的名字,所以我把自己的内在小孩叫作"小绘美"。如果你叫"思婷",那你可以给孩子起名叫"思思"或"小婷";如果你叫"嘉豪",那你的内在小孩可以叫"嘉嘉"或"小豪";等等。

如果你不太喜欢自己的名字,这也没有关系,那就给你的内在小孩起一个全新的名字吧。你的内在小孩希望被如何称呼呢?请你试着想象一下,给他起个名字吧。另外,名字可以后期再改。请先试着起一个名字,如果不合适的话可以再换。

试着起个名字

你的内在小孩一直在等你

内在小孩就藏在你身心的某个角落。实际上,他一直在等待着你,等你呼唤他的名字。所以,试着念出你在第2节中取的那个名字吧。请你像跟真正的孩子交流一样,温柔地、真诚地呼唤他。

如果是我的话,我会这样呼唤我的内在小孩:

"小绘美……"
"小绘美,你能听到我说话吗?"
"小绘美,你在哪里呀?……听到的话,你就答应一声。"

怎么样?对于这样的呼唤,你的内在小孩会有反应吗?

最开始的时候,我们的内在小孩往往有所戒备,基本上不会给我们任何回应,因此,哪怕得不到回应也请你不要介意。不要有所顾虑,只要一有机会就去呼唤他吧。总有一天,他会回应我们的。

难受时，跟内在小孩聊天

如果你学会了怎样呼唤内在小孩，那么接下来就每天和他说说话吧。

早上起床后，首先问候一声早安。如果你早上喝的橙汁味道不错，那就告诉他："××，这个果汁真好喝啊！"走出家门，若是晴空万里，请别忘记和内在小孩分享一下今天的好天气；若是正在下雨，你也可以和他说："××，今天下雨了。你能听见雨声吧？"

吃午餐时，你可以和内在小孩一起看菜单，然后问问他想吃什么。到了下午茶时间，吃冰激凌时，你可以告诉他："这个冰激凌的味道太棒了！"

夜晚时分，望着天上的月亮，告诉你的内在小孩今天是漂亮的蛾眉月。在泡澡时，你也可以对他说："××，泡个澡身体真暖和啊！"晚上睡觉前，请你不要忘记慰劳一下辛苦了一天的内在小孩，和他道一声晚安，祝他做个好梦。就这样，陪着你的内在小孩从早聊到晚吧。

和自己待在一起

当你的内在小孩有了名字,并且他每天都能听到你的声音,渐渐地,他就真的会回应你了。比如,当你问候早安时,他也会回复你"早上好";当你说什么东西好吃时,你的内在小孩也会赞同道:"嗯嗯,真的很好吃。"

就像这样,用你的身心真真切切、清清楚楚地感受自己的内在小孩吧。

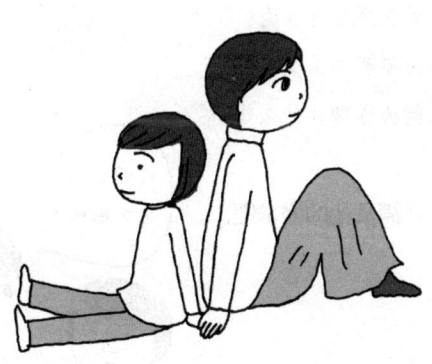

用身体和心灵感受内在小孩

满足内在小孩的情感需求

在第 8 章,我曾介绍过"儿童的情感需求(儿童需要被满足的心理欲求)"。这些情感需求自然也存在于内在小孩身上。我们在孩童时期未被满足的需求早已不能弥补,但现在我们可以倾听并满足自己内在小孩的情感需求。

请你务必问问你的"内在小孩":

"你现在想要什么呢?"
"你想要我怎么做呢?"
"我能为你做些什么吗?"

倾听并满足他的需求吧。

建立自己的边界

图式,即诅咒之言,往往会攻击你的内在小孩,或是对他提出无理的要求。所以,当诅咒之言掠过脑海时,请你不要受其左右,努力保护你的内在小孩,让他免受诅咒之言的侵扰吧。

比如,你耳畔传来了"别人会抛弃我"的声音,请告诉你的内在小孩:"虽然你刚才听到了一个奇怪的诅咒,但你可别相信。放心吧,我绝不会抛弃你的。"如果你脑中出现了"我必须永远完美无瑕,我绝不接受不完美的自己"这一诅咒,你可以对你的内在小孩这样说:"金无足赤,人无完人,一味追求完美,只会令自己身心俱疲,所以放弃这种想法吧。完美与否并不是人生价值的衡量尺度。活就要活得轻松、活得快乐!"

通过这种方法,你便可以保护你的内在小孩远离诅咒之言。

保护内在小孩远离诅咒之言

你的内在小孩正在向你求救

你需要学会疗愈、抚慰以及照顾受伤的内在小孩。如果你发现你的内在小孩受到了伤害,被痛苦、恐惧、沮丧或不安感所笼罩,那么,请你好好照顾他吧。你可以想象将内在小孩抱在怀中,或者轻抚其后背,或者对其好声安慰。如果你的内在小孩正在哭泣,也请你不要强硬制止,而是要询问缘由,耐心倾听内在小孩的诉说,再温柔地照顾他。

请照顾正在哭泣的内在小孩

勇敢地表达自我

有时，内在小孩也会需要我们的帮助、鼓励和支持。毕竟在某些情况下，他不知道该如何表达自我，或者他明明有真正想做的事，但总是犹豫踟蹰。此时，除了安慰之外，你还要鼓励、支持你的内在小孩做他想做的事，说他想说的话。比如，你可以对内在小孩说："拿出你的勇气，迈出第一步吧。""组织好语言，试着把你心中的想法说出来吧。""试着拼一下吧，哪怕失败了也没有关系。"

另外，假如你的内在小孩鼓起勇气挑战了自己，不管事情大小，不论结果如何，都请你进一步鼓励和支持他，并且告诉他："你很棒！""你做得不错。""我永远支持你。"

可控的事保持谨慎,不可控的事保持乐观

在图式疗法中,以下两点最为重要:首先,请你经常同内在小孩进行沟通,疗愈其伤痛,支持他活出自我;其次,请你常怀希望之语,不断勉励自己。

如果你能做到这两点的话,说明你具备了良好的自我帮助的能力,你的生活也会越来越幸福。另外,以后你还可以照顾别人的内在小孩,并且将自己的希望之语投射到他人身上。如此,我们的内在小孩都能得到照顾,这个世界也会充满希望之语,这一切听起来是不是很美好?让我们一起创造一个这样的世界吧!

后　记

　　在这里，我想给大家讲讲我自己的故事。2019年下半年，我开始撰写本书，实际上这段时间也是我人生中最黑暗的时期。那时，我不得不一边全职上班，一边照顾重病卧床的家人。另外，以夏天的一次中暑为导火索，我的身心出现了各种各样的问题，那时我每天都在想"与其这么辛苦地活着，干脆一死了之吧"。时至今日，我依然要忙于照料生病的家人，并且我的身心状态也时有波澜，在状态不好时，我总感觉非常糟糕和疲惫。

　　我就是在这种情况下写完本书的。以前，我也曾出版过几本书，以期帮助读者自立自助，而这一次，我完全是为了自己在写作——为了帮助自己、支持自己。如今的我，依然在努力地活着。虽然身心状态还远没有完全恢复，但在自己和周围人的帮助下，我学会了奋力生活。而支持着这一切的，正是本书介绍的100个小技巧。我一边践行着这些技巧，一边想方设法帮助自己好好生活。

抱着同大家一起分享的心情，我完成了本书的创作。若是在我精力旺盛的阶段，这本书本应该能更快地与大家见面，只可惜这一次，我既没有那个体力，也没有那个精力，所以干脆在细细斟酌中，每天向前推进一点点。就这样，当写完后，再看这本书时，我切实感受到，本书介绍的这些小技巧每天都在给予我帮助。

我认为，人只要活着，就一定会遇到各种各样的压力、创伤体验和危机。请大家认真练习本书介绍的技巧，努力充盈自己的人生。希望你每一天都能发自内心地支持自己、帮助自己。我想总有一天，我们会创造出一个互帮互助、温暖有爱的社会。

最后，再次感谢拿起这本书的各位读者，谢谢你们！期待我们下次再见！

附 录

[附录1] 痛苦标尺与幸福标尺

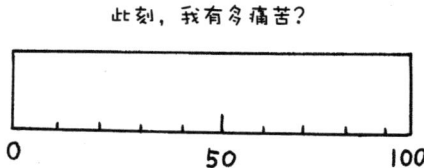

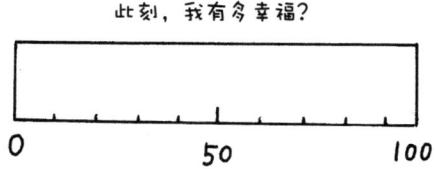

[附录 2] 标尺数值记录

	痛苦	幸福
月 日	分	分

[附录 3] 写出你的个人支持网络

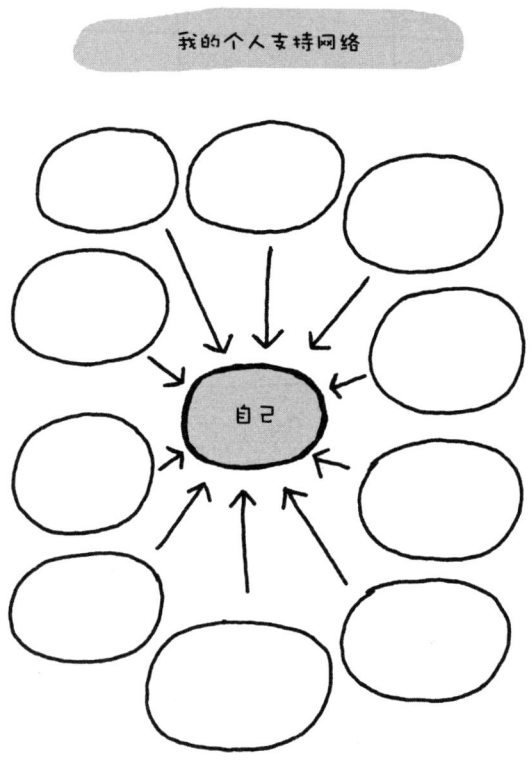

[附录4] 写压力日记

[附录5] 写出你的压力体验

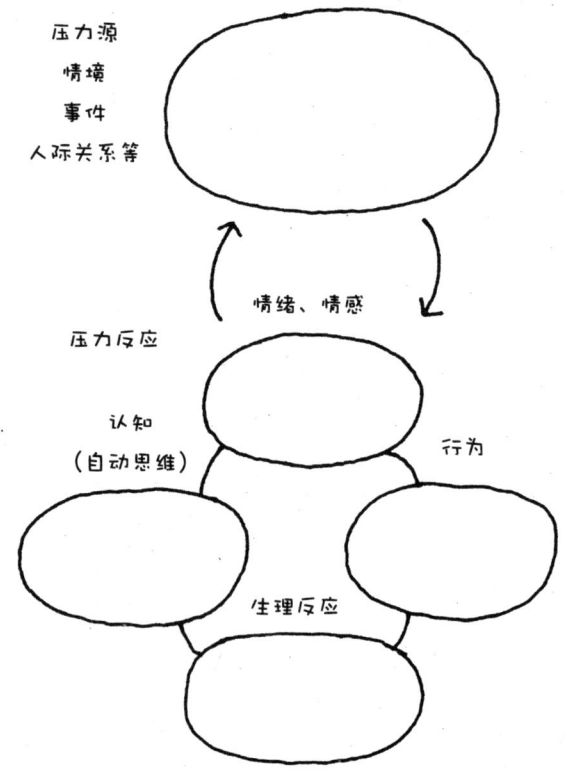

[附录6] 建立你的应对策略库

```
应对策略库清单
```